QUER SER UM TÉCNICO DE FUTEBOL?
PERGUNTE-ME COMO!

Editora Appris Ltda.
1.ª Edição - Copyright© 2024 do autor
Direitos de Edição Reservados à Editora Appris Ltda.

Nenhuma parte desta obra poderá ser utilizada indevidamente, sem estar de acordo com a Lei nº 9.610/98. Se incorreções forem encontradas, serão de exclusiva responsabilidade de seus organizadores. Foi realizado o Depósito Legal na Fundação Biblioteca Nacional, de acordo com as Leis nos 10.994, de 14/12/2004, e 12.192, de 14/01/2010.

Catalogação na Fonte
Elaborado por: Dayanne Leal Souza
Bibliotecária CRB 9/2162

V617q 2024	Vianna, Jorge Sallaberry Quer ser um técnico de futebol? Pergunte-me como! / Jorge Sallaberry Vianna. – 1. ed. – Curitiba: Appris, 2024. 142 p. : il. ; 14,8 x 21 cm. (Geral). ISBN 978-65-250-6122-1 1. Futebol. 2. Técnico. 3. Clube. 4. Treinamento Técnico. I. Vianna, Jorge Sallaberry. II. Título. III. Série. CDD – 796.334

Livro de acordo com a normalização técnica da ABNT

Appris
editora

Editora e Livraria Appris Ltda.
Av. Manoel Ribas, 2265 – Mercês
Curitiba/PR – CEP: 80810-002
Tel. (41) 3156 - 4731
www.editoraappris.com.br

Printed in Brazil
Impresso no Brasil

Jorge Sallaberry Vianna

QUER SER UM TÉCNICO DE FUTEBOL?
PERGUNTE-ME COMO!

Appris editora

Curitiba, PR
2024

FICHA TÉCNICA

EDITORIAL Augusto Coelho
Sara C. de Andrade Coelho

COMITÊ EDITORIAL Ana El Achkar (UNIVERSO/RJ)
Andréa Barbosa Gouveia (UFPR)
Conrado Moreira Mendes (PUC-MG)
Eliete Correia dos Santos (UEPB)
Fabiano Santos (UERJ/IESP)
Francinete Fernandes de Sousa (UEPB)
Francisco Carlos Duarte (PUCPR)
Francisco de Assis (Fiam-Faam, SP, Brasil)
Jacques de Lima Ferreira (UP)
Juliana Reichert Assunção Tonelli (UEL)
Maria Aparecida Barbosa (USP)
Maria Helena Zamora (PUC-Rio)
Maria Margarida de Andrade (Umack)
Marilda Aparecida Behrens (PUCPR)
Marli Caetano
Roque Ismael da Costa Güllich (UFFS)
Toni Reis (UFPR)
Valdomiro de Oliveira (UFPR)
Valério Brusamolin (IFPR)

SUPERVISOR DA PRODUÇÃO Renata Cristina Lopes Miccelli
PRODUÇÃO EDITORIAL Bruna Holmen
REVISÃO Camila Dias Manoel e Stephanie Ferreira Lima
DIAGRAMAÇÃO Renata Cristina Lopes Miccelli
CAPA Eneo Lage

O ponto de qualquer conquista é o desejo.

(Napoleon Hill)

*Eu decidi virar treinador apenas
quando me disseram que eu não conseguiria.*

(Johan Cruyff)

AGRADECIMENTOS

À minha família, pela paciência nas minhas ausências de estudos, jogos e cursos.

Aos mestres, com carinho, principalmente ao meu primeiro técnico, Cláudio Garcia — ex-técnico do Flamengo e criador da Escola de Futebol de Brasília.

Aos professores da Universidade Federal de Viçosa (UFV): Israel Teoldo; Prospero Paoli; Renato Miranda, meu orientador; e João Bolsas Marins, meu coorientador.

Aos colegas de curso e amigos do meio do futebol, técnicos, auxiliares, preparadores físicos, entre outros que não cito um a um para não esquecer ninguém.

Ao colega de profissão, ex-treinador da base do Santos e atualmente Coordenador Técnico Geral do Vasco da Gama (SAF), Gabriel Bussinger, que carinhosamente escreveu o prefácio deste livro.

Ao o amigo e Coordenador da ATFA na América Latina, Leo Samaja, que também proferiu belas palavras no segundo prefácio.

PREFÁCIO I

Sou treinador de futebol há 20 anos! Desde criança já sonhava em me tornar treinador de futebol. Mas primeiro sonhei em ser jogador, o que não aconteceu por falta de qualidade técnica mesmo. Não tenho nem a desculpa (como muitos) de dizer que foi por conta de lesões. No entanto, tentei a carreira em categorias de base, até ser convencido, aos 17 anos de idade, de que era melhor ser treinador. O que fazer a seguir? Afinal, o que eu deveria fazer para iniciar a carreira? Que caminhos seguir? Por onde começar?

Em paralelo, muitos atletas que sofrem com lesões, com salários atrasados, com ilusões e promessas que não acontecem, que sentem que seu corpo não está correspondendo como antes, que estão com 30 a 40 anos de idade e que dedicaram a maior parte da vida a servir ao futebol, começam a idealizar e almejar a carreira de treinador. De igual forma, surgem algumas reflexões acerca dos próximos passos. Por onde começar? Quais os melhores cursos? O que eu preciso fazer para poder atuar?

Há, também, muitos que nem chegaram a jogar em categorias de base, nem profissional, mas que sempre foram simpatizantes do futebol; não cursaram Educação Física, mas não se sentem realizados em outras áreas de atuação; que se aproximam dos clubes em funções como analista de desempenho e mercado, supervisor, advogado, na área administrativa ou em tantas outras inerentes a um clube, almejando chegar ao campo e atuar como treinador, auxiliar técnico ou, quem sabe, gestor. Qual o próximo passo? Como migrar de área? Quais cursos são necessários para atuar? Quais os melhores cursos de capacitação? Quem devo procurar para migrar de área?

Independentemente da origem (acadêmica, como ex-atleta ou amante do futebol), quando pensamos numa carreira de treinador, precisamos saber por onde começar e quais são os melhores passos que devemos seguir. E é justamente para esses fins que Jorge Vianna criou esta obra. Um manual prático de orientação e possibilidades para quem deseja tornar-se um treinador. Mostrando diferentes cursos, diferentes licenças, diferentes culturas e reflexões sobre alternativas que o leitor pode escolher, se quiser ser um treinador de futebol.

Quer ser um Técnico de Futebol? pergunte-me como? é um livro que abrange a atuação de um treinador de futebol em diferentes contextos: desde escolinhas, projetos sociais, categorias de base até o profissional. Fala sobre os diferentes níveis de atuação que o treinador pode alcançar e como ele pode adentrar o mercado, seja como preparador físico, seja como analista de desempenho ou *scouter*; das diferentes escolas de treinadores, como a CBF Academy[1], a Associação de Treinadores do Futebol Argentino (ATFA), a Federação de Futebol dos Estados Unidos (U.S. Soccer) e a União das Federações Europeias de Futebol (UEFA); e aponta as particularidades dos tipos de perfis, personalidades e características dos treinadores.

Se o seu objetivo é se tornar um treinador de futebol, este livro será como uma bússola para o início e o desenvolvimento da sua carreira. Com uma leitura fácil e informativa, o leitor vai absorver muitas dicas e conhecimento para tomar melhores decisões na carreira. Espero que este livro seja um guia para que você se torne um treinador de excelência, mas, se um dia viermos a nos enfrentar nos gramados, que o seu time não vença o meu, porque, se eu perder mais dois ou três jogos, posso vir a perder o emprego!

Gabriel Bussinger

Treinador de futebol e autor do podcast Diário do Treinador

---

[1] Da Confederação Brasileira de Futebol (CBF).

PREFÁCIO II

Com imensa alegria celebro esta iniciativa do autor em abordar esta temática referente à formação de treinadores e a necessidade de licenças a nível federativo para exercer nossa profissão como treinador.

Profissão que, ao longo dos anos, foi vista e considerada por muitos como um lugar ocupado por qualquer um, pois todos amam futebol, todos praticam ou praticaram futebol nas ruas, em campos alugados, em escolinhas, ou mesmo em clubes de diferentes portes.

E isso, historicamente, tem criado a falsa ilusão que por ter chutado uma bola torna qualquer leigo em um futuro treinador, o que fez (e ainda faz) nos encontrarmos com treinadores que arrasam e destroem gerações e gerações de crianças cada vez mais afastadas da prática do futebol.

As licenças respondem a um processo de formação que deve ser obrigatório. Alguns países tratam a formação como prioridade, outros como uma simples necessidade burocrática. A missão, com o decorrer dos anos, é conseguirmos unificar critérios, e que a formação seja o pilar de toda transformação, e não uma carteira que abra ou feche uma porta trabalhista.

Leo Samaja

Treinador Licença PRO AFA e UEFA,
Coordenador cursos de Licenças AFA - Conmebol
na ATFA para América Latina

SUMÁRIO

APRESENTAÇÃO INICIAL 15

INTRODUÇÃO 21

1
QUER SE TORNAR UM TÉCNICO DE FUTEBOL?
PERGUNTE-ME COMO 25

2
QUEM PODE SER TÉCNICO DE FUTEBOL? 27

3
MANUAL DA CONMEBOL/FIFA PARA TREINADORES 43

4
ESCOLAS DE TÉCNICO 45

5
CBF ACADEMY 47

6
ATFA/AFA 59

7
U.S. SOCCER 71

8
UEFA 85

9
FORMAÇÃO DA BASE AO PROFISSIONAL 95

10
COMPETÊNCIAS DE UM TÉCNICO DE FUTEBOL 101

11
TIPOS DE TÉCNICOS DE FUTEBOL 103

12
SOBRE OS TÉCNICOS DE FUTEBOL 107

13
COMO SE TORNAR UM TREINADOR *EXPERT*? 111

ANEXO I
INFORMAÇÕES SOBRE A VALIDAÇÃO DAS LICENÇAS DA
AMÉRICA DO SUL NA EUROPA 129

ANEXO II
LEI N.º 8.650/1993, DO TREINADOR DE FUTEBOL NO BRASIL. 133

ANEXO III
CIRCULAR N.º 36/2022 DA FEDERAÇÃO PAULISTA DE
FUTEBOL – LICENÇAS CBF NA BASE 137

ANEXO IV
PARECER JURÍDICO CBF N.º 5, SOBRE A NÃO NECESSIDADE
DE CREF PARA SER TREINADOR 139

APRESENTAÇÃO INICIAL

Considerando a história da maioria de nós, técnicos oriundos da Educação Física, ex-jogadores (futebolistas) ou nos caminhos da vida (curiosos apaixonados), algum dia sonhamos em ser jogador de futebol, não é verdade? Alguns iniciaram na rua, outros em escolinhas ou eram até os "astros do recreio"; alguns se tornaram jogadores da base de alguns times, mas só 1% chegou ao topo. A alternativa para muitos jogadores foi, às vezes, a de se tornar um técnico, fosse por causa de uma lesão séria, fosse por uma desilusão com a carreira de jogador.

Agora começo a contar minha história, para o leitor entender como tive a ideia de escrever este livro. Comecei tarde no futebol, já tinha 10 anos quando cheguei a Brasília; como muitos, descia com minha bola e ficava chutando a gol sozinho, pensando ser esse ou aquele jogador imaginário. Como era "o dono da bola", comecei a participar mais ativamente dos jogos da minha comunidade. Nessa época, em Brasília, eram comuns rifas de um litro de *whisky* cedido por um pai para comprarmos os uniformes e montarmos times nas "superquadras" (como chamam os quarteirões em Brasília), e com isso entrei em meu primeiro time, o Fluminense, cujos donos eram os irmãos Rubens e Rubeny. Acabei saindo, porque a "panela" falava mais alto e eu acabava não jogando.

Com meus colegas de prédio, o Bloco E da Superquadra Norte (SQN) 102, queríamos criar o nosso próprio time, mas, como cada jogador tinha um time de coração, do Rio de Janeiro, decidimos por um nome que não era de lá: Grêmio Esportivo do Bloco E. Juntamos o dinheiro e fomos comprar os uniformes. Por estar com febre nesse dia, a equipe foi sem mim e de lá me ligou; falou que havia um uniforme do Grêmio, mas, por eu ser flamenguista, perguntei quais eram as cores do uniforme, e responderam: "*Azul, preto e uma listrinha branca*". Empolgado, falei "É este!", pois não lembrava o uniforme do time preferido de ninguém. Votamos entre as opções de uniforme, e o que comentei foi o escolhido. Assim foi criado o time.

O número dos jogadores era confeccionado em vermelho, para se destacar das outras cores; o *short* era preto, a pedido das mães (sujava menos); e o meião, azul. Como o time era democrático, decidimos não ter números altos, como 9 e 10, para não haver briga; e, já que éramos poucos, decidiu-se pelos números 1 a 7. Por sorteio, cada um ganhou seu número — o meu era o 3. Jogava como atacante e ala, trocávamos de posição em revezamento, mas já jogávamos em losango (1974). Treinávamos à noite e criávamos saídas de bola e ataques fulminantes, fazíamos o esquema 4 x 0 no escuro, mal vendo a bola, e ensaiávamos pela direita e pela esquerda. A escalação era: Eduardo no gol; Avelar, central; Marcelo, ala esquerda; e Luciano Salgado (Lula), ala direita; eu (Jorge), pivô; e Sergio, reserva; depois veio o Gugu, um canhoto muito habilidoso, como ala esquerda, que também variava como pivô.

Montávamos juntos as jogadas ensaiadas e treinávamos à noite, duas vezes por semana. Os primeiros amistosos eram contra o Vasco da SQN 302, ocasiões em que aprendemos a ganhar e perder, e jogávamos no complexo de quadras do Cláudio Coutinho. Depois começamos a jogar campeonatos dentro de nossa quadra e começamos a entender que "juízes" não eram justos. Aos poucos fomos perdendo jogadores e improvisando, e acabei virando goleiro; o Marcelo, ala esquerda, entrou em meu lugar; e o Gugu, canhoto, pegou a posição dele. Sobrevivemos mais um pouco, depois nunca mais nos encontramos, cada um tomou seu rumo, e eu e minha família nos mudamos da SQN 102.

Quando completei 16 anos, foi criada em Brasília a primeira escola "profissional" de base, chamada Escola de Futebol de Brasília, mas não era vinculada ao time do Brasília, time local famoso. Ela foi criada por ex-jogadores: Bené Ataide; Cláudio Garcia (técnico do Flamengo e posteriormente da Arábia Saudita); Seninho (ex-jogador do Fluminense e do time do Centro Universitário de Brasília); e mais um professor de futebol. Enquanto aluno da escolinha, participei de torneios internos e externos: no interno, representei o time Arte — os times tinham nomes diferentes: Arte (verde), Saúde (branco), Disciplina (azul) e Garra (vermelho) — e consagrei-me campeão do Torneio Início e artilheiro da escola.

A lembrança mais valiosa para mim quando juvenil amador foi no torneio do Dia das Crianças, em outubro de 1977. Disputamos uma triangular no Estádio Mané Garrincha (o antigo estádio de futebol, antes da reforma para a Copa do Mundo), onde enfrentamos os times de base do Clube de Regatas Guará e da Sociedade Desportiva do Gama, clubes de regiões administrativas de Brasília. Para uma criança, jogar um torneio dentro do maior estádio da sua cidade é o ápice, fazendo-me sentir como um jogador profissional.

Aos 17 anos fiz um teste no clube do Núcleo Bandeirante — aparentemente, fiz um bom teste. Estava no time reserva inicialmente, e fiz um gol; no segundo tempo, passei para o time titular, e fiz outro gol. O treinador falou para todos do time: "*Quero que vocês joguem como este garoto: com garra e força de vontade*", referindo-se a mim. Por azar, o jogador que substituí foi o amigo que me levou ao time, aí já viu: nunca mais me levou para treinar nesse time, então o sonho acabou.

POR QUE ME TORNAR UM TREINADOR?

No dia do 7 x 1 do Brasil contra a Alemanha, tive um choque emocional e, como muitos brasileiros da área, pensei: "O que poderia fazer para trazer o Brasil de novo ao topo do futebol mundial?". Mesmo que o ditado fale que "Uma andorinha não faz verão", comecei a buscar por onde eu poderia somar e colocar um tijolo nessa construção, começando, lógico, pela base. **"Onde conseguir formação?"**, **"Por onde começar?"**. Essas foram as perguntas que se passaram pela cabeça de muitos de nós, do meio do futebol, que não temos o famoso QI ("Quem Indica").

Então, descobri a CBF Cursos, hoje CBF Academy. Também ouvi falar da Associação de Treinadores do Futebol Argentino, ligada à Associação do Futebol Argentino (AFA), nossa congênere, que também criou essa organização como uma forma de padronização de ensino. Depois descobri que a União das Federações Europeias de Futebol tinha sido a pioneira mundial nesse estudo e nessa padronização de treinamento para treinadores, independentemente de sua formação profissional. E a Federação de Futebol dos Estados Unidos.

À medida que buscava conhecimento, senti a necessidade de "divulgar"; fiz várias palestras virtuais neste período de pandemia; busquei em Portugal contato com o professor Júlio Garganta, uma das maiores autoridades no estudo do futebol no mundo, que me indicou a pós-graduação da UFV. Essa ideia virou um projeto de Trabalho de Conclusão de Curso (TCC), e agora este livro, não com o intuito de ganhar dinheiro, mas de compartilhar esse conhecimento com os que buscam se tornar treinador e não sabem como.

COLOCANDO A MÃO NA MASSA

Depois dos primeiros cursos na área de Preparação Física para Base e a Licença C (escolas de futebol), fiz um estágio na escolinha do Santos, em Brasília. Nessa época surgiu minha primeira chance, no Taguatinga Esporte Clube, time profissional de Brasília. Fui preparador físico do sub-15 e do sub-17, sendo também auxiliar do técnico do sub-15. Os primeiros técnicos com que trabalhei foram Wando Carneiro e Farley Santos Magalhães, que me receberam muito bem, e sempre que possível conversávamos sobre tática e técnica, além de preparação física, e às vezes até sobre o aspecto psicológico dos atletas e o que deveríamos falar a eles para incentivá-los. Esse último aspecto fazia bastante diferença nos jogos.

Em uma das disputas, em que precisávamos de um placar de 9 x 0, explicamos para nossos atletas que o time contrário já estava desclassificado e por isso não estaria tão motivado a ganhar, mas que nosso time deveria usar isso para dar seu melhor e fazer a maior pontuação que conseguisse para alcançar a classificação. O time entrou motivado e no primeiro tempo já fez 5 x 0. Sabíamos que nosso concorrente direto estava perdendo em seu jogo simultâneo, e com isso precisaríamos fazer menos gols, mas decidimos não o contar aos garotos, para que não diminuíssem a garra. Resultado: 12 x 1 e classificados.

Em 2019, o técnico Farley foi chamado para ser auxiliar do time profissional do Bolamense (time de Brasília). Depois de três derrotas, promoveram-no a técnico principal, e fui chamado para ser o preparador físico do time, já que o preparador havia saído com o treinador anterior. Alguns jogos depois, ocorreu uma nova mudança de técnico, mas, enquanto o novo não estivesse efetivado, não poderia permanecer em campo. Eu, como preparador, e na ausência de um técnico, tive de assumir seu lugar temporariamente nesse jogo.

PRIMEIRAS EXPERIÊNCIAS COMO TÉCNICO PROFISSIONAL

O jogo começou, e falei aos jogadores que tínhamos de jogar 15 minutos de cada vez, sempre com coesão e trabalhando de forma compactada. No primeiro quarto do jogo, tudo ia bem, até que houve uma falha individual em uma cobrança de escanteio, e acabamos permitindo que fizessem um gol, mesmo em um jogo equilibrado.

Falei para levantarem a cabeça e aproveitarem os "cinco minutos de bobeira" deles (euforia pelo gol, baixa da guarda e desatenção). Em uma saída longa do goleiro, nosso atacante disputou a bola no alto, triscou de cabeça, e o ponteira dominou de frente para o goleiro, empatando o jogo. Euforia total do time. Até aquele jogo não tínhamos feito nenhum ponto no campeonato, e isso os encheu de brilho.

Já era o 2º tempo, e a partir dos 30 minutos tivemos de fazer substituições por lesão e cansaço, tive de substituir um lateral por um volante, mas este não era tão rápido quanto o lateral anterior, e, aos 42 minutos do 2º tempo, o ponteira esquerdo superou nosso novo lateral. Ao tentar fazer a "falta tática", o atacante jogou-se de fora para dentro da grande área, e o bandeirinha caiu no "migué" do atacante, marcando pênalti. E, acredite se quiser, ao ser reclamado da falta fora da área, o bandeirinha afirmou *"O que vale é onde ele cai"*, mesmo na regra constando que a falta será marcada onde o jogador a sofrer, e não onde ele vier a cair. Sofremos um gol injusto. Apesar dos gritos de incentivo e abalados pelo gol injusto, na saída de bola tivemos nossos 5 minutos de bobeira e levamos o 3º gol, e o empate heroico virou uma derrota de 3 x 1, que não refletiu a garra do time. E assim foi minha estreia. Valeu, de qualquer forma, pois às vezes aprendemos mais com as derrotas que com muitas vitórias.

No semestre seguinte, fui convidado para ser auxiliar do time sub-20 do Samambaense, dirigido pelo técnico Gean Fernandes, com que obtivemos nossa 1ª vitória sobre o sub-20 do Brasília, no dia do aniversário deles e dentro de seu mando de campo. Diferentemente da minha estreia, tivemos um jogo duro o tempo todo, e, no segundo tempo, depois de uma falta pela direita, sugeri a inversão do batedor por um canhoto; orientamos a ele que batesse a bola em curva no segundo travessão; o atacante recebeu o cruzamento e cabeceou de leve, fazendo a bola entrar no ângulo. Passado esse campeonato, o time Samambaense foi desfeito, e fui convidado para ser técnico auxiliar do time profissional do Brasília, o Brasília Futebol Clube, contribuindo para a preparação do time apenas na pré-temporada.

Em seguida, veio a pandemia, e, depois de um ano sem pisar nos campos, um amigo chamou-me para auxiliá-lo no lançamento da Escolinha do Flamengo em Brasília, o que aceitei com imenso prazer por ser o meu time de coração. Montamos equipes com faixa etária dos 8 aos 17 anos e participamos de alguns campeonatos no ano de 2021.

A CBF Social promoveu um evento em Brasília, onde conheci Singo Santos, técnico do time feminino do Legião Futebol Clube (que em sua carreira já elevou o Minas à série A1), e aderi ao projeto de colocar o 4º melhor time feminino adulto de Brasília no Campeonato Brasileiro Feminino. Brasília tem dois times na série A1 — Capital e Clube Recreativo e Esportivo de Subtenentes e Sargentos da Polícia Militar do Distrito Federal (CRESSPOM) —, um time na série A2 (Minas Tênis Clube), e agora, com a nova série A3 do Brasileiro, vamos levar o Legião para competir nessa categoria nacional.

De um ilustre desconhecido a participante da comissão técnica no Campeonato Brasileiro Feminino, em apenas três anos já estava subindo na escala de valores. Se não acreditarmos em nós e estudarmos, ficaremos estagnados no tempo, por isso nunca deixem de buscar e lutar pelos seus sonhos!

INTRODUÇÃO

O Brasil gosta de se chamar de "país do futebol". Hoje somos mais de 212 milhões de habitantes, segundo o Instituto Brasileiro de Geografia e Estatística. Então, pelo dito popular, seríamos 212 milhões de TÉCNICOS. Só que não.

Na verdade, parece que é fácil ser técnico de futebol, basta sentar-se em um bar, pedir uma cerveja e criticar à vontade — *"Ele escalou o time errado"*, *"Devia botar ciclano, e não beltrano"*, *"Substituiu errado e na hora errada"* —, sem saber as reais condições de um jogador ou a tática/estratégia do técnico para aquele jogo.

Vários são os profissionais que influenciam nas escolhas de uma escalação: o fisioterapeuta, o médico, o fisiologista, o preparador físico, o auxiliar técnico, os analistas de desempenho, além do técnico. Por vezes, até o diretor quer opinar na escalação, pois escalar *esse* ou *aquele* jogador interessa a um comprador que está no estádio, que quer avaliar o desempenho do jogador de escolha e efetuar o negócio.

O futebol é hoje o desporto mais popular no mundo e o mais praticado em todos os continentes. Nem a Organização das Nações Unidas (ONU) penetra em tantos países — alcança apenas 193 (SANTOS *et al.*, 2016) —; enquanto a Federação Internacional de Futebol (FIFA) congrega 211 países, incluindo Palestina e Kosovo, países não reconhecidos, respectivamente, por Israel, pelos Estados Unidos da América (EUA) e pela Comunidade Europeia, segundo informações retiradas de reportagem do *blog* de Rafael Reis.

O treinador moderno não é apenas um "coordenador de atletas", ele hoje é gestor de um ciclo completo que vai desde a montagem de uma equipe, passando pela implantação de um modelo de jogo, até alcançar a gerência de uma "empresa completa" e a supervisão de todas as fases de uma equipe multidisciplinar.

Este livro trará luz sobre dois focos: a formação de um treinador e os diversos conhecimentos pertinentes à sua carreira, como gestão de um vestiário e as formas de pensar e agir para melhor desempenho de seu trabalho.

Parece-me clara a importância de uma obra como esta, podendo se tornar um norte para os futuros treinadores, sejam vindos do núcleo do futebol (ex-jogadores), sejam vidas da Educação Física ou de qualquer outra carreira. Este livro vem preencher, de forma simplificada, uma lacuna no mercado, a falta de acesso à informação da formação de técnicos, tornando-a pública e servindo como uma espécie de mentoria no sentido de melhorar a iniciação nessa carreira.

A partir de agora, abriremos a caixa de pandora, ou, como conhecida na aviação, a caixa-preta, mas do cargo de técnico e treinador. Nela encontramos conteúdos acerca de cursos, licenças dentro e fora do Brasil, entre outros cursos alternativos, como os da Ciência da Bola e do Futebol Interativo. Já adianto que tais cursos não dão a tão sonhada licença, mas trazem muito conhecimento e muitas oportunidades de estágio e atuação na área.

DEFINIÇÕES BÁSICAS PARA COMEÇAR
(*segundo José de Souza Teixeira*)

TÉCNICO: aquele que ensina, treina, corrige, controla e usa esses dados para futuros planejamentos e indispensáveis replanejamentos, com objetivos bem definidos, em grupos de atletas com alto nível de rendimento.

TREINADOR: profissional que treina ou dirige treino. Que habitua, acostuma, adestra.

PROFESSOR: "Aquele que professa ou ensina uma ciência, uma arte, uma técnica, uma disciplina; mestre Homem perito ou adestrado" (FERREIRA, 1995, p. 531).

Devemos observar que muitos confundem essas três denominações. Na maioria das vezes, temos nas escolinhas os professores, pessoas formadas em Educação Física, que têm o conhecimento pedagógico — sabendo o que ensinar para cada faixa etária e como aplicar seu conhecimento, conforme a capacidade física, técnica e muscular de cada aluno — e o conhecimento de motricidade e coordenação motora, que podem facilitar a aprendizagem. Cabe ressaltar que ex-atletas que não se formaram em Educação Física não têm essa capacidade, não sendo recomendados a trabalhar com a base de escolinhas e de clubes profissionais.

Temos excelentes técnicos, mas péssimos treinadores; assim como o contrário, excelentes treinadores e péssimos técnicos.

1

QUER SE TORNAR UM TÉCNICO DE FUTEBOL? PERGUNTE-ME COMO

O título até lembra a venda de um produto de emagrecimento, no entanto é muito mais que isso. Assim como você, um dia resolvi que queria ser mais que um treinador de fim de semana. Comecei em um projeto social de uma "escolinha" — coloquei entre aspas, pois este trabalho é tão sério quanto o de qualquer clube, basta você torná-lo assim —, como "técnico de terrão", para atuar em campeonatos amadores de Brasília.

"Por que você resolveu ser um técnico de futebol?", alguém pode perguntar, e eu respondo: pelo mesmo motivo que você, por ver tantos trabalhos amadores e querer mais que isso. Você escolheu ter uma profissão e quer ser o melhor. É como dizem os estrangeiros, sendo um *coach*, "Você deve buscar o seu melhor lado" ou "descobrir sua melhor versão".

Quem assistiu ao jogo na Copa do Mundo que aconteceu no dia 08/07/2014, uma terça-feira, no estádio do Mineirão em Belo Horizonte, o famoso 7 x 1 entre Brasil e Alemanha? A maioria, creio eu. Nesse dia alguma coisa aconteceu dentro de mim; posso parecer muito sonhador, mas na hora indaguei: "O que eu posso fazer para que isso não se repita?". Nesse momento, pensei que um trabalho como o de "base" (trabalho de iniciação de atletas) poderia evitar a apatia e o apagão que nossos jogadores tiveram naquele jogo. Muitos podem pensar que não têm capacidade de realizar tamanha diferença, mas, se não fizermos nada, o futebol brasileiro continuará da mesma forma.

Estou escrevendo este livro no intuito de facilitar a sua busca e evitar as dificuldades que eu tive para me capacitar. Para alcançar esse objetivo, percorri vários caminhos e estou aqui para auxiliá-lo a atalhar as escolhas, tornando-as mais assertivas e rápidas na conquista de seus sonhos. Este livro procura mostrar opções e caminhos que poderão ser seguidos por você.

Existem diversos tipos de cursos, desde cursos "walita"[2] até os cursos de Ensino a Distância (EaD), que prometem até "carteirinha de técnico" — mas que não têm validade em nenhuma federação do nosso país, nem em nenhum lugar do mundo.

Veremos que no Brasil é muito comum as associações de técnicos de futebol fazerem vários cursos de "formação". No passado, esses eram o suficiente para começar a trabalhar, mas hoje são apenas cursos introdutórios na área; na maioria das vezes, os próprios professores também já fizeram os cursos da CBF. Alguns exemplos dessas associações: Associação Brasileira de Treinadores de Futebol (ABTF), Sindicato dos Treinadores Profissionais do Estado de São Paulo (SITREFESP) e Sindicato dos Treinadores do Estado do Rio de Janeiro (SINTREFUTRJ).

No entanto, vamos nos ater aos cursos oficiais com validade em seus respectivos países e no exterior. Cursos como o da CBF Academy (Brasil), da ATFA/AFA (Argentina) e da UEFA (Europa) — este último com certas variações de preços e conteúdos, conforme o país. Nos Estados Unidos, a U.S. Soccer também segue esse padrão de licenças; lá, até para atuar em campeonatos colegiais e universitários são exigidas licenças e cobranças de cursos de primeiros socorros como pré-requisitos, o que não ocorre em outros países. Basicamente eles foram padronizados para licenças que vão de C, B, A e PRO (profissional). A Licença C abrange escolas avulsas sem bandeira — bandeira seria a escola de um clube federado, como Flamengo, Corinthians, Cruzeiro ou Grêmio —; a B, as de base dentro dos clubes federados; a A, para jogos regionais, estaduais e nacionais; e a PRO, para atuar em campeonatos e copas internacionais, como a Libertadores, a Champions League ou a UEFA Cup, mas vamos detalhar cada uma delas em um capítulo à parte.

---

[2] Aqui abro uma explicação aos mais novos: antigamente, uma marca de eletrodomésticos com esse nome oferecia cursos de culinária "gourmet" em que a pessoa aprendia a fazer um doce ou um salgado e recebia o "diploma de mestre cuca" cozinheiro.

2

QUEM PODE SER TÉCNICO DE FUTEBOL?

Conforme o país, as regras mudam. Na Argentina, a partir dos 18 anos e do segundo grau completo, qualquer um pode ser treinador. Na Europa, de forma semelhante, alguns jogadores, quando ainda estão atuando na base, já podem iniciar sua carreira e estagiar no mesmo clube, mas, no geral, todos têm de ter as licenças estipuladas pela FIFA conforme alguns pré-requisitos.

A Licença C, para a maioria dos países, e D, para os Estados Unidos, são as necessárias para atuar em escolas de ensino médio e universidades nos Estados Unidos, e em escolinhas de futebol não oficiais, como franquias, no Brasil. Já a Licença B serve para trabalhar na base dos clubes, "escolas oficiais", como na base do Flamengo, do Corinthians, entre outros. As licenças seriam uma das melhores maneiras de começar a carreira, com chance de crescimento de forma hierárquica até o profissional, subindo categoria por categoria.

Nádima Skeff, técnica do time América Mineiro, em recente entrevista ao *podcast* Ciência da Bola, trouxe um fato novo, a criação de um curso na Inglaterra voltado para técnicas mulheres, facilitando o acesso dessas profissionais à CBF. Nessa mesma linha, a CBF criou um processo com descontos e fácil acesso a cursos para qualquer profissional interessada, além de criar competições entre equipes femininas sub-20 (para menores de 20 anos) e a nova categoria nacional A3, para o ano de 2022.

LEGISLAÇÃO ATUAL COMENTADA

Conforme a Lei 8.650/1993, publicada no *Diário Oficial da União* (DOU), em 24/04/1993, temos no texto:

Art. 3º O exercício da profissão de Treinador Profissional de Futebol ficará assegurado preferencialmente:

I - aos portadores de diploma expedido por Escolas de Educação Física ou entidades análogas, reconhecidas na forma da Lei;

II - aos profissionais que, até a data do início da vigência desta Lei, hajam, comprovadamente, exercido cargos ou funções de treinador de futebol por prazo não inferior a seis meses, como empregado ou autônomo, em clubes ou associações filiadas às Ligas ou Federações, em todo o território nacional.

Treinador e técnico de futebol são vistos como a mesma pessoa, no entanto o professor e o preparador físico, diferentemente, são obrigados a ser formados em Educação Física e ter registro ativo no Conselho Regional de Educação Física (CREF). O treinador ou técnico é autorizado a dar aulas tanto em escolas de futebol como em colégios públicos ou particulares desde que com CREF ativo, principalmente em competições oficiais como jogos estudantis, jogos escolares brasileiros e até universitários. Já o ex-jogador não é autorizado a dar aulas; se atuar dando aulas, isso pode acarretar penalização à escola de futebol até o fechamento definitivo da escola, além de multa, conforme orientação do CREF atuante. Nas competições de "várzea", não oficiais e não federadas, ocorre um "vale-tudo", dependendo do "regulamento" da competição.

No caso de clubes de futebol, esses têm obrigações com seus treinadores e técnicos de futebol, conforme Art. 1º, 6º e 7º da mesma Lei 8.650/1993:

Art. 1º A associação desportiva ou clube de futebol é considerado empregador quando, mediante qualquer modalidade de remuneração, utiliza os serviços de Treinador Profissional de Futebol, na forma definida nesta Lei.

Art. 2º O Treinador Profissional de Futebol é considerado empregado quando especificamente

> contratado por clube de futebol ou associação desportiva, com a finalidade de treinar atletas de futebol profissional ou amador, ministrando-lhes técnicas e regras de futebol, com o objetivo de assegurar-lhes conhecimentos táticos e técnicos suficientes para a prática desse esporte.
>
> [...]
>
> Art. 6º Na anotação do contrato de trabalho na Carteira Profissional deverá, obrigatoriamente, constar:
>
> I - o prazo de vigência, em nenhuma hipótese, poderá ser superior a dois anos;
>
> II - o salário, as gratificações, os prêmios, as bonificações, o valor das luvas, caso ajustadas, bem como a forma, tempo e lugar de pagamento.
>
> Parágrafo único. O contrato de trabalho será registrado, no prazo improrrogável de dez dias, no Conselho Regional de Desportos e na Federação ou Liga à qual o clube ou associação for filiado.
>
> Art. 7º Aplicam-se ao Treinador Profissional de Futebol as legislações do trabalho e da previdência social, ressalvadas as incompatibilidades com as disposições desta Lei.

O técnico também tem seus deveres e direitos, conforme o Art. 4º e 5º da Lei 8.605/1993:

> Art. 4º São direitos do Treinador Profissional de Futebol:
>
> I - ampla e total liberdade na orientação técnica e tática da equipe de futebol;
>
> II - apoio e assistência moral e material assegurada pelo empregador, para que possa bem desempenhar suas atividades;

III - exigir do empregador o cumprimento das determinações dos órgãos desportivos atinentes ao futebol profissional.

Art. 5º São deveres do Treinador Profissional de Futebol:

I - zelar pela disciplina dos atletas sob sua orientação, acatando e fazendo acatar as determinações dos órgãos técnicos do empregador;

II - manter o sigilo profissional.

Para esclarecermos as brigas entre o Conselho Regional de Educação Física e as associações de técnicos, publicamos algumas decisões que não são nem unânimes nem definitivas, variando de acordo com o estado onde a Justiça proferiu sua sentença e a sua esfera de atuação, conforme discutido a seguir.

Projeto de lei conhecida como "Lei Caio Júnior" (nunca foi votada)

O Congresso Nacional decreta:

Art. 1º Os artigos 3º e 6º da Lei nº 8.650, de 20 de abril de 1993 passam a vigorar com as seguintes alterações:

Art. 3º. ....

III – aos atletas de futebol que tenham comprovadamente exercido a profissão por três anos consecutivos ou cinco alternados, certificado pelo sindicato de atletas ou pela

Confederação Brasileira de Futebol e que realizem curso de formação de treinadores, reconhecido pelos sindicatos da categoria e chancelados pela Federação Brasileira de Treinadores de Futebol.

Parágrafo Único – Equiparam-se para fins desta lei, os auxiliares técnicos de treinadores e auxiliares técnicos preparadores de goleiros.

Art. 6º. A atividade do treinador de futebol é caracterizada por remuneração pactuada em contrato especial de trabalho, firmado com entidade de prática desportiva, no qual deverá constar, obrigatoriamente:

I - o prazo de vigência, em nenhuma hipótese, poderá ser inferior a seis meses e nem superior a dois anos;

III – clausula indenizatória – que se aplica ao treinador e ao clube, sendo que a mesma será igual ao valor total de salários mensais a que teria direito o treinador até o término do referido contrato.

§1º - Aplicam-se ao treinador de futebol as normas gerais da legislação trabalhista e da Seguridade Social, ressalvadas as peculiaridades constantes desta Lei, especialmente as seguintes:

a) – pagamento de acréscimos remuneratórios em razão de períodos de concentração, viagens, pré-temporada conforme previsão contratual;

b) - repouso semanal remunerado de 24 (vinte e quatro) horas ininterruptas, preferentemente em dia subsequente à participação da equipe do treinador na partida, quando realizada no final de semana;

c) - férias anuais remuneradas de 30 (trinta) dias, acrescidas do abono de férias, coincidentes com o recesso das atividades desportivas;

VI - jornada de trabalho desportiva normal de 44 (quarenta e quatro) horas semanais.

§ 2º. O contrato do treinador com a entidade de prática desportiva contratante constitui-se com o registro do contrato especial de trabalho na entidade de administração do desporto, dissolvendo-se, para todos os efeitos legais:

a) - com o término da vigência do contrato ou o seu distrato;

b) - com o pagamento da cláusula de rompimento;

c) - com a rescisão decorrente do inadimplemento salarial, de responsabilidade da entidade de prática desportiva empregadora, nos termos desta Lei;

d) - com a rescisão indireta, nas demais hipóteses previstas na

legislação trabalhista; e

e) - com a dispensa imotivada do treinador.

§3º - O contrato deverá ser registrado também na Carteira Profissional;

§4º - O contrato de trabalho será registrado, no prazo improrrogável de vinte dias na entidade nacional de administração ou Liga à qual o clube ou associação for filiado e após o registro e publicação o treinador poderá exercer efetivamente suas atividades;

§ 5º - Não se aplicam ao contrato especial de trabalho os artigos 450, 451, 479 e 480 da Consolidação das Leis do Trabalho - CLT, aprovada pelo Decreto-Lei nº 5.452, de 1º de maio de 1943.

§6º - Em caso de demissão de um treinador, outro treinador somente poderá ter seu contrato registrado na entidade de administração do esporte, caso tenha sido paga a cláusula de rompimento ou efetuado acordo neste sentido.

Art. 6-A. A entidade de prática desportiva empregadora que estiver com pagamento de salário do treinador em atraso, no todo ou em parte, por período igual ou superior a 3 (três) meses, terá o contrato especial de trabalho rescindido, ficando o treinador

livre para se transferir para qualquer outra entidade de prática desportiva de mesma modalidade, nacional ou internacional, e exigir a cláusula de rompimento e os haveres devidos.

§ 1º - São entendidos como salário, para efeitos do previsto no caput, o abono de férias, o décimo terceiro salário, as gratificações, os prêmios e demais verbas inclusas no contrato de trabalho.

§ 2º - A mora contumaz será considerada também pelo não recolhimento do FGTS e das contribuições previdenciárias.

Art. 6-B. É lícito ao treinador atleta profissional recusar em cumprir com suas obrigações quando seus salários, no todo ou em parte, estiverem atrasados em dois ou mais meses;

Art. 6-C. Os treinadores profissionais poderão ser representados em juízo por suas entidades sindicais.

Art. 6-D. O direito ao uso da imagem do treinador pode ser por ele cedido ou explorado, mediante ajuste contratual de natureza civil e com fixação de direitos, deveres e condições

inconfundíveis com o contrato especial de trabalho que não poderá ser superior a 25% (vinte e cinco por cento) do salário ajustado no contrato de trabalho.

Art. 6-E. As entidades de prática desportiva são obrigadas a contratar seguro de vida e de acidentes pessoais, vinculado à atividade, para os treinadores com o objetivo de cobrir os riscos a que eles estão sujeitos.

§ 1º - A importância segurada deve garantir ao treinador ou ao beneficiário por ele indicado no contrato de seguro, o direito a indenização mínima correspondente ao valor total do contrato.

§ 2º - A entidade de prática desportiva é responsável pelas despesas médico-hospitalares e de medicamentos necessários ao restabelecimento do treinador enquanto a seguradora não fizer o pagamento da indenização a que se refere o § 1º deste artigo.

Art. 7. São criados o Conselho Federal e os Conselhos Regionais de Treinadores de Futebol.

Parágrafo Único. Os primeiros membros efetivos e suplentes serão eleitos para um mandato de dois anos, em reunião na Federação Brasileira dos Treinadores de Futebol, no prazo de até noventa dias após a publicação desta Lei.

Art. 2º. Os artigos. 12, 16, 28, 34, 42, 55, 87-A e 90-D da Lei nº

9.615, de 24 de março de 1998 passam a vigorar com a seguinte alteração:

Art. 12-A..

Parágrafo Único Os membros do Conselho e seus suplentes serão indicados na forma da regulamentação desta Lei para um mandato de dois anos, permitida uma recondução, sendo que obrigatoriamente o Comitê Olímpico Brasileiro – COB, Comitê Paralímpico Brasileiro – CPB, Federação Nacional dos Atletas Profissionais de Futebol (FENAPAF) e Confederação Brasileira de Futebol - CBF terão direito a uma vaga, e será escolhido pelo Ministro, através de uma lista de três nomes indicados pelas entidades.

Art. 16..

....

§ 4º - É obrigatória a representação dos atletas, por meio de suas respectivas entidades sindicais, nos órgãos e conselhos técnicos das entidades de administração do esporte, em nível nacional e regional, incumbidos da elaboração e aprovação do regulamento das competições, com direito a voto.

Art. 28..

....

§ 4º..

II - acréscimos remuneratórios em razão de períodos de concentração, viagens, pré-temporada e participação do atleta em partida, prova ou equivalente, não inseridos no salário; conforme previsão contratual;

....

V - férias anuais ininterruptas e remuneradas de 30 (trinta) dias, acrescidas do abono de férias, coincidentes com o recesso das atividades desportivas, seguidas de pré-temporada obrigatória de 30 (trinta) dias, como condição para que o atleta participe de competição oficial com cobrança de ingressos, sob pena de eliminação do certame;

....

VII – o atleta de futebol não poderá participar de nenhuma partida sem ter um descanso mínimo de 66 (sessenta e seis) horas, independentemente das competições em que estiver atuando, sob pena de perda dos pontos obtidos pela equipe na partida em que o atleta atuar irregularmente;

IX – nos meses de verão, as entidades de administração desportiva não poderão permitir a realização de partidas de qualquer categoria, amador ou profissional entre às 11 e 17 horas.

Art. 34. ....

....

IV – Até 15 de janeiro os clubes deverão comprovar à entidade de administração desportiva e às entidades de representação de cada categoria, o pagamento de toda a remuneração dos contratados, inclusive as verbas de exploração de imagem, do ano anterior, sob pena de rebaixamento de divisão em todas as competições que venha participar. (NR)

Art. 42 ....

....

§ 1º Salvo convenção coletiva de trabalho em contrário, 5% (cinco por cento) da receita proveniente da exploração de direitos desportivos audiovisuais serão repassados aos sindicatos de atletas profissionais, e estes distribuirão, em partes iguais, aos atletas profissionais que atuaram na partida e 1,5% (um e meio porcento) que serão repassados à Federação Brasileira de Treinadores de Futebol, que distribuirá através dos sindicatos, aos treinadores de acordo com sua participação nas competições, como parcela de natureza civil.

§ 2º- É vedada a antecipação de receitas provenientes de contratos previsto no caput deste artigo.

Art. 55. O Superior Tribunal de Justiça Desportiva e os Tribunais de Justiça Desportiva serão compostos por onze membros, sendo:

[...]

VI - 2 (dois) representantes dos treinadores, indicados pela Federação Brasileira de Treinadores de Futebol e nos Estados pelas respectivas entidades sindicais.

§ 2º - O mandato dos membros dos Tribunais de Justiça Desportiva terá duração máxima de quatro anos, permitida apenas uma recondução, independente se é auditor do Pleno ou de comissões disciplinares.

§ 6º - Os Procuradores da Justiça Desportiva também terão um mandato com duração máxima de quatro anos, permitida apenas uma recondução, e serão escolhidos pelo Superior Tribunal de Justiça Desportiva, mediante lista enviada pela entidade de

PL 7560-C/2014 administração do desporto. Aplica-se esta mesma regra nos Tribunais de Justiça Desportiva.

Art. 87-A. O direito ao uso da imagem do atleta pode ser por ele cedido ou explorado, mediante ajuste contratual de natureza civil, com fixação de direitos, deveres e condições inconfundíveis com o contrato especial de trabalho, vedada a fixação de valor contratual superior a 25% do salário ajustado. (NR) ....

Art. 90-D. Os atletas profissionais poderão ser representados em juízo por suas entidades sindicais em ações relativas aos contratos especiais de trabalho desportivo mantidos com as entidades de prática desportiva e aos contratos de exploração de imagem. (NR)

Art. 3º Esta lei entra em vigor na data de sua publicação.

Treinador de futebol x CREF

A polêmica sobre a necessidade ou não de treinadores e monitores de futebol foi baseada em uma resolução do Conselho Federal de Educação Física (CONFEF). O Tribunal Regional Federal (TRF) julgou que o CONFEF não tem autonomia para legislar por meio de resoluções, conforme o texto de lei seguir:

> Salientou o Ministério Público Federal, a lei não requer esforço de interpretação. **A atividade de realizar treinamentos especializados nas áreas de atividades físicas e do desporto não se** confundem com ministrar táticas de futebol **como a escalação de jogadores, substituições, ensinamentos sobre a melhor maneira de jogar, etc.**
>
> **Sob esta perspectiva, a função do técnico ou monitor de futebol não estaria atrelada à atividade física propriamente dita, de resto exercida por graduados em educação física, com vistas ao desenvolvimento das aptidões físicas do ser humano com segurança e visando a saúde e o bem-estar.**
>
> É certo que os ensinamentos prestados pelos técnicos ou monitores relacionam mais objetivamente com táticas do jogo de futebol. **Afinal, futebol não se aprende na escola.**
>
> É por isso que os clubes, de regra, possuem, além do técnico, profissionais de educação física, como são os preparadores físicos e fisiologistas, além de departamento médico, pois nem mesmo estes podem atuar em casos de contusões ou outras ocorrências médicas.
>
> Cada qual tem o seu papel bem delineado de molde a evitar a interferência de uns na atividade de outros.
>
> Contudo, mesmo sob esta realidade, não se evidencia a plena desconformação daquele ato normativo que

o Conselho requerido editou, de vez que o exercício profissional como monitores ou técnicos de futebol não resta defeso aos graduados em educação física.

A Lei 9.696/1998 regulamenta a carreira do educador físico:

> Art. 1º O exercício das atividades de Educação Física e a designação de Profissional de Educação Física é prerrogativa dos profissionais regularmente registrados nos Conselhos Regionais de Educação Física.
>
> Art. 2º Apenas serão inscritos nos quadros dos Conselhos Regionais de Educação Física os seguintes profissionais:
>
> I - os possuidores de diploma obtido em curso de Educação Física, oficialmente autorizado ou reconhecido;

A Lei 8.650/1993 define que treinador será:

> Art. 3º O exercício da profissão de Treinador Profissional de Futebol ficará assegurado **preferencialmente**:
>
> I - aos portadores de diploma expedido por Escolas de Educação Física ou entidades análogas, reconhecidas na forma da Lei; [...]

Portanto, conforme decisão da segunda turma do Superior Tribunal de Justiça (STJ), não é necessário ser formado em Educação Física para ter qualquer licença de futebol. No entanto existe uma tendência nessa valência para que, num futuro próximo, devido ao grau do conhecimento científico, seja necessária essa formação para que se exerça o cargo.

A CBF também chancela — por meio de parecer de Carlos Eugenio Lopes, diretor jurídico da CBF — ser contrária à ação fiscalizadora exercida pelo CREF aos treinadores de futebol. Para Carlos, o CREF não tem competência nem poder para fiscalizar os treinadores, e que esses atos fiscais praticados eram ilegítimos e ilegais. Gostaria de deixar claro que a fiscalização do CREF aos times de futebol continua sendo válida, como nos cargos de preparador físico e fisiologista.

Hoje no Brasil e no mundo, é necessário ter uma das seguintes licenças para ser treinador, conforme a modalidade em que atuará. A partir do quadro a seguir, apresento as atuações de cada uma (lembrando que cada licença inclui as categorias das anteriores cumulativamente):

Quadro 1 – Licenças

LICENÇA	CATEGORIA	QUEM PODE
Licença C	Escolas de futebol avulsas ou credenciadas (bandeira)	Professores de Educação Física
Licença B	Escolas dos clubes federados — base (sub-5 até sub-20)	Licenciados por seus órgãos competentes [Confederação Sul-Americana de Futebol (CONMEBOL), UEFA]
Licença A	Competições dentro do país, dos estados, dos municípios, dos distritos, das províncias	Licenciados por seus órgãos competentes (CONMEBOL, UEFA)
Licença PRO	Campeonatos internacionais	Licenciados por seus órgãos competentes (CONMEBOL, UEFA)

Fonte: o autor

ASSOCIAÇÃO DE TREINADORES NO BRASIL

No Brasil, as associações de treinadores detinham a capacidade de "formar" treinadores, fornecendo credenciais e prestando assistência jurídica, entre outras. Alguns exemplos são:

1. Associação Brasileira de Treinadores de Futebol.

2. Federação Brasileira dos Treinadores de Futebol (FBTF).

3. Sindicato dos Treinadores Profissionais do Estado de São Paulo.

4. Sindicato dos Treinadores do Estado do Rio de Janeiro.

5. Federação de Futebol do Rio de Janeiro (FERJ).

6. Sindicato dos Treinadores de Futebol do Estado do Pará (SITREFEPA).

7. Sindicato dos Treinadores Profissionais de Futebol do Estado de Santa Catarina (SINTREPFESC).

8. Sindicato dos Treinadores Profissionais do Estado do Rio Grande do Sul (STPERS).

NOVAS REGRAS DA FIFA: CONTRATOS DE TÉCNICOS

Uma das novidades da FIFA foi no regulamento internacional de transferências, decidido em novembro do ano de 2020 e passando a ser válido a partir de janeiro de 2021. Essas modificações foram debatidas por meio de reuniões entre representantes de clubes, ligas e confederações, e decididas mediante votação pelo conselho da entidade. Tais decisões contribuíram para a estabilidade contratual dos treinadores, aumentando a transparência e garantindo o cumprimento de acordos com os técnicos, tanto os internacionais quanto os nacionais, já que agora o clube que descumprir acordos financeiros com os técnicos terá punições semelhantes ao que acontece hoje quando não paga por um jogador, por exemplo.

NOVAS REGRAS DA CBF: TROCA DE TÉCNICOS

No dia 25/03/2021, a CBF definiu novas regras de contratação dos técnicos para o campeonato brasileiro. A partir desse ano, os times dessa competição só poderão contratar no máximo dois técnicos; caso algum técnico seja demitido, poderá ser utilizado o auxiliar técnico ou o técnico da base do seu time (que já trabalhe há pelo menos seis meses), sem ser considerado como nova contratação. De igual forma, os técnicos só poderão pedir demissão duas vezes.

Conforme declaração de Rogério Caboclo (ex-presidente da CBF):

> É um grande avanço do futebol brasileiro, que fará bem tanto aos clubes quanto aos treinadores. Vai implicar em uma relação mais madura e profissional e permitir trabalhos mais longos e consistentes. É o fim da dança das cadeiras dos técnicos no futebol brasileiro.

3

MANUAL DA CONMEBOL/FIFA PARA TREINADORES

Esse manual condensa informações importantes que devem ser absorvidas pelos novos técnicos esportivos e formadores de jogadores e jogadoras.

A CONMEBOL nesse manual acentua a importância de o treinador focar as duas formações do jogador ou da jogadora, tanto na formação esportiva quanto na formação como ser humano. Na formação esportiva, deverá trabalhar postura, tronco, habilidades motoras, postura do pé, domínio de bola, visão do jogo por completo, associando tática e técnica. Na formação como pessoa, devemos aprender a trabalhar em equipe, a solidariedade, a controlar os sentimentos, os pensamentos, as ações individuais e coletivas, a coragem, a perseverança, entre outros sentimentos valorosos dos seres humanos.

A dupla formação das licenças da CONMEBOL traz este diferencial ao treinador sul-americano: torna-se capaz de treinar grandes talentos, já que a mistura do conhecimento da "várzea" com os conhecimentos técnicos o torna inigualável em relação aos de outras regiões do mundo; e de diferenciar-se pelo carinho que trabalhará com essas categorias de base, pelo que será aceito em qualquer região onde atue.

A CONMEBOL afirma que, nas fases de 6 a 13 anos, a iniciação deve ser feita por meio do futebol, do futsal e do futebol de areia, com fins de educação, cultura lazer e saúde para a vida, uma iniciação esportiva para consumidores de futebol. Já a especialização esportiva, que vai dos 14 aos 20 anos, está voltada ao treinamento para a carreira esportiva profissional no futebol, no futsal e no futebol de areia juvenil, propiciando um treinamento em alto rendimento. Na faixa dos 21 aos 35/40 anos, temos os treinadores para a alta performance, passando para o profissionalismo e trabalhando a carreira em competições profissionais, nacionais e internacional, passando ao intercontinentais e às seleções de seus respectivos países; ao finalizarem suas respectivas carreiras como atletas, podem se voltar para trabalhar nas comissões técnicas, como preparador físico, auxiliar, técnico ou treinador.

4

ESCOLAS DE TÉCNICO

Neste livro, não falaremos de todas as escolas de formação de técnicos, mas citaremos as mais conhecidas, entre elas: a da CBF, por meio da CBF Academy (Brasil); a da AFA, por meio da ATFA (Argentina); a da UEFA (Europa); e a da U.S. Soccer (EUA), onde existe mais de uma empresa para formação de treinadores.

A obrigatoriedade das licenças que foram citadas no Capítulo 2 ainda estão em fase de aperfeiçoamento em todo o mundo, mas em alguns já está mais avançada, como na Europa, que começou esse trabalho.

O próprio licenciamento para técnicos no Brasil ainda não é uma obrigatoriedade, mas na Europa, nos EUA e na América do Sul já é realidade. No entanto, a Federação Paulista de Futebol (FPF) já exige essas licenças; e, para participar de competições como a Copa Sul-Americana e a Copa Libertadores, já está exigindo a licença PRO da CBF (cópia do documento nos Anexos). Temos como exemplo que o credenciamento na Argentina pela ATFA/AFA já é uma realidade, e o reconhecimento dessa escola já ocorre na Europa, na Ásia, na África, nos países árabes e nos EUA, como se viu pela última Copa América: os quatro finalistas tinham seus respectivos técnicos certificados por essa instituição.

Mas há que observar certas restrições, conforme os órgãos locais. Por exemplo: a Espanha passou de três para cinco anos o mínimo de comprovação prática em nível de treinador de times na primeira divisão de seus respectivos países ou de outros países.

ESCOLAS NÃO FORMAIS

A falta de dinheiro faz que cursos como Ciência da Bola e Futebol Interativo despertem a atenção dos novos interessados em se tornar técnico da noite para o dia. Trata-se de cursos rápidos e baratos, com possibilidade de "estágio". Isso não é suficiente para garantir um posto de técnico ou treinador, mas abre portas para analistas de desempenho, preparadores físicos, fisiologistas, fisioterapeutas, nutricionistas, psicólogos, entre outras carreiras. Estudantes e recém-formados correm para esses cursos como tábua de salvação. Mas será essa a solução?

O Ciência da Bola hoje tem mais de 2.500 alunos e 23 cursos.

5

CBF ACADEMY

Figura 1 – CBF

Fonte: Google Imagens

Os cursos da CBF surgiram de uma inquietude de Osvaldo Torres enquanto professor da Pontifícia Universidade Católica de Minas Gerais (PUC Minas). O sonho deixou o plano do imaginário para o real em 2005, em um jogo Brasil x Argentina, quando foi apalavrada por Ricardo Teixeira, presidente da CBF, a parceria com a PUC Minas; e começou no ano de 2009, quando aconteceu o primeiro curso, com organização metodológica do professor Mauricio Marques, de Israel Teoldo, entre outros. Os cursos denominavam-se Treinador Nível 1, 2 e 3, e, a partir de 2014, ocorreu a uniformização mundial, passando a se chamar "licenças".

No ano de 2020, a CBF Academy incorporou cursos de Técnico de Futsal e *Beach Soccer*, últimas modalidades a serem incorporadas pela CBF: Licenças C, B, A e PRO Futsal; e C, B, A e PRO *Beach Soccer*; além de Futebol Profissional.

Atualmente, além das licenças, a CBF Academy tem cursos nas áreas de Preparação Física Base e PRO, Força e Potência, Análise de Desempenho Base e PRO, Treinador de Goleiros Base e PRO, Coordenação Técnica Base e PRO, Psicologia no Futebol, Gestão, Executivo do Futebol, Mídia, Coordenação Técnica das Carreiras de Base, Treinamento e Planejamento de Carreiras, Ferramentas de Análise de Desempenho (1), entre outros.

Os cursos da CBF Academy são independentes da CBF, porém vinculados. Conteúdos como "Objetivos", "Missão", "Visão", "Pré-requisitos" e "Carga horária" foram copiados ou adaptados do *site* oficial da CBF Academy (www.cbf.com.br/cbfacademy/pt-.br), sem acréscimos, com apenas um resumo de alguns textos, sendo apresentados aos coordenadores Osvaldo Torres e Mauricio Marques.

OBJETIVOS

Oficializar as licenças e os certificados da CBF que fazem parte do programa de profissionais do futebol brasileiro em nível nacional e internacional.

Desenvolver um programa de formação de profissionais do futebol baseado no conhecimento científico e com aplicabilidade direta na rotina de trabalho desses profissionais (*reality based*), com bases de natureza ética e pedagógica.

Promover a sistematização do conhecimento teórico e prático do futebol brasileiro por meio de publicações e registros.

Valorizar e preservar a história de conquistas do futebol brasileiro e suas características de brasilidade.

Construir e unificar internacionalmente o processo de equivalência dos cursos oferecidos pela CBF Academy.

MISSÃO

"Produzir e disseminar o conhecimento, tecnologia e *know-how* do futebol brasileiro, contribuindo para o seu desenvolvimento técnico e social, através da qualificação acadêmica de profissionais".

VISÃO

"Tornar a CBF Academy uma referência mundial na qualificação de profissionais do futebol".

CONSTRUÇÃO DOS CURSOS

A construção dos cursos foi feita de acordo com as diretrizes da FIFA, após uma compilação de outros cursos, seminários de formação de instrutores e com base em outras escolas de formação mundial. A coordenação acadêmica visitou diversas federações ao redor do mundo para estudar o processo de formações dessas instituições, além de conversar com diversos treinadores para tornar o modelo mais próximo a um modelo brasileiro, com as competências e habilidades que nos tornaram pentacampeões do mundo, objetivando atender a treinadores, profissionais de Educação Física e treinadores inseridos no mercado nacional, trabalhando seus cursos desde as escolas de futebol até as competições sul-americanas (Libertadores) e o Mundial de Clubes.

A CONMEBOL já está tornando obrigatórias as licenças PRO para competições internacionais como Libertadores e Sul-Americana; e logo campeonatos nacionais, regionais e estaduais exigirão essas licenças. Esse cancelamento segue alinhamento do Brasil! (CBF), Sul-Americano (CONMEBOL) e mundial (FIFA).

Figura 2 – CBF Academy

Fonte: acervo do autor

LICENÇA C

A Licença C objetiva preparar o treinador para fazer um bom trabalho nas escolas de futebol fora das bases profissionais dos clubes federados em nível amador. Esse curso é dividido em parte presencial e parte EaD — sabemos que, com esta fase da pandemia, esse formato tem mudado um pouco.

Pré-requisitos

Os candidatos interessados em realizar o curso deverão cumprir os seguintes pré-requisitos:

- Profissionais de Educação Física e/ou Esporte (Licenciatura ou Bacharelado) ou;

- Acadêmicos de Educação Física e/ou Esporte que estejam cursando o último ano (Licenciatura ou Bacharelado) ou;

- Ex-atletas de futebol profissional com Ensino Médio Completo e com pelo menos 7 anos (84 meses) de carreira comprovada em atividade ou;

- Treinadores/professores de escolas de futebol com Ensino Médio Completo e com pelo menos 5 anos (60 meses) de experiência comprovada.

Quadro 2 – Grade curricular

Disciplina	Carga horária
Futebol, Cultura, Infância e Juventude (EaD)	5 horas
Fisiopatologia e Socorros de Urgência no Futebol (EaD)	10 horas
Aspectos Gerais do Desenvolvimento do Talento Brasileiro	10 horas
Legislação Esportiva Aplicada I	5 horas

Metodologia do Ensino do Futebol para Crianças e Adolescentes	10 horas
Treinamento de Campo para Crianças e Adolescentes	30 horas
Gestão de Escolas de Futebol	5 horas
Futebol Feminino	5 horas
Prática e Análise do Treinamento	15 horas
Acompanhamento e Observação do Treinamento	30 horas
Estudos Especiais e Trabalhos (pós-curso)	15 horas
TOTAL	150

Fonte: o autor

LICENÇA B

A Licença B objetiva preparar o treinador para trabalhar na base profissional de um time federado desde o início até o sub-20/23, calcada em uma "natureza ética e científica". Da mesma forma, esse curso também é dividido em parte presencial e parte EaD, o que poderá ser modificado depois da pandemia.

Pré-requisitos

Os candidatos interessados em realizar o curso deverão cumprir os seguintes pré-requisitos:

- Certificado de Conclusão da Licença C da CBF Academy ou;

- Ensino Médio Completo e ter o mínimo de 7 anos (84 meses) de experiência atuando como atleta em equipes e competições de futebol profissional ou;

- Ensino Médio Completo e ter o mínimo de 5 anos (60 meses) de experiência como treinador principal de equipe de categorias de base.

Obs.1: Será considerado para a contagem de tempo a atuação como treinador principal de categorias de base de equipes que disputam as competições nacionais e estaduais. Experiência com competições que não se enquadram nas citadas acima ou em competições internacionais, terão seus currículos analisados de forma personalizada.

Obs.2: Os auxiliares-técnicos e preparadores físicos com o mínimo de 10 anos (10 temporadas completas) atuando em equipes de categorias de base, poderão pleitear o ingresso na Licença B, após análise técnica personalizada do currículo.

Carga horária

A carga horária é de 200 horas, sendo 35 horas de EaD, 105 horas de atividades presenciais, "40 horas de Acompanhamento e Observação do Treinamento" e "20 horas de estudos especiais" e trabalhos.

Quadro 3 – Grade curricular

Disciplina	Carga horária
Psicologia do Esporte Aplicada às Categorias de Base (EaD)	10 horas
Conduta e Ética Profissional do Treinador (EaD)	5 horas
Planejamento de Carreira (EaD)	5 horas
Nutrição (EaD)	5 horas
Introdução à Fisiologia e ao Treinamento Esportivo (EaD)	10 horas
Preparação Física nas Categorias de Base	10 horas
Gestão Esportiva nas Categorias de Base	10 horas
Regras do Jogo	5 horas
Legislação Esportiva Aplicada II	5 horas
Treinamento de Campo nas Categorias de Base	40 horas

Características do Jogo Brasileiro	5 horas
Fisioterapia Esportiva às Categorias de Base	5 horas
Prática e Análise do Treinamento	15 horas
Captação e Análise de Desempenho nas Categorias de Base	5 horas
Treinamento de Goleiros nas Categorias de Base	5 horas
Acompanhamento e Observação do Treinamento	40 horas
Estudos Especiais e Trabalhos (pós-curso)	20 horas
TOTAL	200 horas

Fonte: o autor

LICENÇA A

A Licença A objetiva preparar o treinador para trabalhar nas categorias profissionais masculino ou feminino de um time federado desde o início, a começar pelo sub-20-23, calcada em uma "natureza ética e científica".

Da mesma forma que os anteriores, esse curso também é dividido em parte presencial e parte EaD, o que poderá ser modificado depois da pandemia.

Pré-requisitos

- Certificado de conclusão da Licença B da CBF Academy ou;

- Ensino Médio Completo e no mínimo 5 anos (60 meses) de experiência como treinador principal de equipe profissional

Obs.1: Será considerado para a contagem de tempo a atuação como treinador principal em competições nacionais das Séries A, B, C e D, Copa do Brasil, Copa Verde, Copa do Nordeste e/ou as divisões principais dos campeonatos estaduais. Experiência com competições que não se enquadram nas citadas acima ou em competições internacionais, terão seus currículos analisados de forma personalizada.

Obs.2: Os auxiliares-técnicos e preparadores físicos com o mínimo de 10 anos (10 temporadas completas) atuando em equipes profissionais poderão pleitear o ingresso na Licença A, após análise técnica de currículo personalizado.

Carga horária

São "270 horas no total - 200h de Disciplinas Teórico-Prático (20h de Ensino à Distância, 50h de conteúdo online" EaD, "e 130h de conteúdo presencial), 50h de Acompanhamento e Observação do Treinamento e 20h de Estudos Especiais e Trabalhos". Ele é dividido em módulo amarelo e verde.

Módulo amarelo

Quadro 4 – Carga horária

Preparação Física e Fisiologia no Futebol Profissional	20 horas
Legislação Esportiva Aplicada III	5 horas
Treinamento de Campo no Futebol Profissional	30 horas
Psicologia do Esporte no Futebol Profissional	10 horas
Prática e Análise do Treinamento de Campo	15 horas
Medicina Desportiva Aplicada ao Futebol Profissional	5 horas

Fonte: o autor

Módulo verde

Quadro 5 – **Módulos**

Módulos	Carga horária
Avaliação Sistêmica no Futebol Profissional	5 horas
Gestão de Equipes Profissionais	10 horas
Treinamento de Campo no Futebol Profissional	30 horas
Análise de Desempenho Montagem de Elenco Futebol Profissional	10 horas
Tópico Especial: Treinador e Imprensa	5 horas
Treinamento de Goleiros	5 horas
Treinamento do Movimento	5 horas
Prática e Análise do Treinamento de Campo	15 horas

Fonte: o autor

LICENÇA PRO

A Licença PRO objetiva "qualificar o profissional que atua ou deseja atuar no futebol" nacional e internacional no âmbito da CONMEBOL, "na condição de treinador" "em equipes profissionais", "para uma prática competente e atualizada cientificamente, alicerçada em bases de natureza ética e científica".

Pré-requisitos

- Possuir a Licença A

- As turmas são montadas por processo de seleção qualitativa. Após receber o convite, o aluno deverá fazer a pré-inscrição e enviar os seguintes documentos:

- Currículo Vitae atualizado;

- Cópia do Certificado de Conclusão do Ensino Médio ou cópia do Histórico/ Diploma de Curso Superior, mesmo que esteja em curso.

Carga horária

São "370 horas no total", sendo 60 de EaD, 180 de atividades presenciais, "60 horas de Acompanhamento e Observação do Treinamento", e "50 horas de estudos especiais" e trabalhos.

Quadro 6 – Grade curricular

Disciplina EaD	Carga Horária
Gestão Técnica do Futebol	10 horas
Análise de Desempenho no Futebol Profissional	10 horas
Marketing	10 horas
Gestão Financeira	10 horas
Psicologia do Esporte e Rendimento Esportivo	10 horas
Legislação Esportiva Internacional	5 horas
Aspectos culturais do Futebol Internacional	5 horas

Disciplina – Módulo Branco	Carga Horária
Análise de Desempenho no Futebol Profissional	20 horas
Prática e Análise do Treinamento de Campo	20 horas
Treinamento de Campo no Futebol Profissional	30 horas
Planejamento Técnico Plurianual	10 horas
Gestão: Liderança Transformadora	10 horas
Tópicos Especiais: Seminário do Campeonato Brasileiro	20 horas

Disciplina - Módulo Azul	Carga Horária
Gestão Técnica	10 horas
Prática e Análise do Treinamento	20 horas
Treinamento de Campo no Futebol Profissional	30 horas
Coaching	10 horas
Gestão de Crises e Conflitos	10 horas
Psicologia do Esporte e Rendimento Esportivo	10 horas
Acompanhamento e Observação do Treinamento	60 horas
Estudos Especiais e Trabalhos (pós-curso):	
Relatório Técnico do Campeonato Brasileiro	20 horas
Planejamento Plurianual e Multidisciplinar de uma Equipe Internacional	

Fonte: o autor

6

ATFA/AFA

Figura 3 – AFA

Fonte: Google Imagens

Figura 4 – Licença

Fonte: Google Imagens

Figura 5 – Recebendo a diplomação para base e profissional da ATFA/AFA

Fonte: acervo do autor

A formação de treinadores na Argentina começou na década de 1960, com a ATFA, fundada em 1963 na sede da revista *The Graphic*. Os

> [...] Srs. José Ramos, Osvaldo Zubeldia, Manuel Regadas, Manuel Giudice, Antonio Faldutti, H. Fernandez Roca, Rubén Bravo, Rodolfo Kraly, Horacio Torres e outros se propuseram, por meio da entidade-marca, a começar a defender os interesses profissionais e priorizar a atividade dos diretores técnicos de futebol.

Os treinadores formados por essa escola podem trabalhar no mundo inteiro, basta o contratante requerer as informações à AFA para que ocorra a confirmação, se o treinador pertencer aos quadros da ATFA. Seus cursos ocorrem tanto na forma presencial como virtual, em que a pessoa pode fazer o curso a distância, recebendo a mesma qualificação.

A partir de 1993, passa a ser obrigatório na Argentina ter a licença de treinador. São mais de 63 escolas presenciais em todo o país, além de cursos virtuais para o Brasil, os Estados Unidos e a China.

O curso presencial, assim como o curso a distância, é de três anos de duração. O presencial tem três aulas por semana, com trabalhos e provas; há, a cada mês, uma matéria e, no fim de duas semanas, provas finais para certificação. De forma semelhante, no curso a distância, você faz aproximadamente uma matéria por mês, com tópicos semanais, trabalhos escritos e provas virtuais de múltipla escolha. No curso virtual, você só recebe o certificado e a carteira de técnico depois da avaliação presencial de uma semana na Argentina, avaliação que consta de teoria (Psicologia), planejamento, arbitragem e parte prática, fisiologia, tática, técnica e treinamento em campo, envolvendo fisiologia, pequeno jogos e retorno ao descanso.

Para fazer o curso da ATFA, pode-se buscar contato com Leo Samaja, coordenador da ATFA no Brasil, pelo *e-mail* leosamaja@atfa.com.ar. Conforme informação até esta data, 830 profissionais formaram-se em cursos presenciais, e entre 140 a 150 formaram-se pelo curso a distância. O curso a distância é feito pela plataforma Campus Virtual ATFA (CVA): https://www.atfacampusvirtual.com/pr/.

LICENÇA C

Habilita para treinar a base para crianças do sub-12, além de ser pré-requisito para cursar a Licença B. A duração é de sete meses, mais a avaliação presencial na Argentina, na cidade de Buenos Aires, da parte teórica.

Valores para o ano de 2020: 1 matrícula mais 7 mensalidades e prova presencial (valor de 2 mensalidades). Valor da mensalidade e da matrícula: R$ 700.

Pré-requisitos (a partir de 01/08/2020):

- Idade mínima de 18 anos;

- Ensino médio ou superior: diploma ou certificado de conclusão ou histórico escolar. Poderá começar o curso com 75% do nível médio, mas só poderá receber a entrega da licença após apresentar a conclusão do curso do nível médio completo;

- RG ou passaporte (para brasileiros);

- Atestado médico de aptidão psicofísica;

- Certificado de antecedentes criminais;

- Comprovante de residência;

- Foto digital 3x4;

- Envio para leosamaja@atfa.com.ar e info-campus@atfa.com.ar.

Requisitos técnicos

Conhecimentos básicos de informática e tecnologia para assistir às aulas e para a realização de tarefas escritas e prova *choise* (prova de múltipla escolha). Aprendizagem sobre a utilização de ferramenta CVAVideoAnálise[3], CVAPlayMaker e/ou CVAVideoupload.

Matérias

- Técnicas de Expressão Oral e Escrita;
- Bases biológicas e fisiológicas do treinamento esportivo;
- Introdução às Neurociências;
- Bases Psicológicas e Didáticas do treinamento esportivo;
- Bases Físicas do treinamento esportivo;
- Conceitos básicos de Técnica e Treinamento;
- Conceitos básicos de Tática;
- Futebol e Educação;
- Regulamento;
- Bases didáticas do Treinamento Esportivo.

E trabalho final em clubes de base ou clubes de federação dentro da categoria pretendida.

---

[3] Grafia conforme a plataforma em comento.

LICENÇA B

Habilita para comandar futebol amador/futebol formativo até o sub-15, além de ser pré-requisito para cursar a Licença A. A duração é de sete meses, mais a avaliação presencial na Argentina, na cidade de Buenos Aires, da parte teórica e prática.

Valores para o ano de 2020: 1 matrícula mais 7 mensalidades e prova presencial (valor de 2 mensalidades). Valor da mensalidade e da matrícula: R$ 700.

Pré-requisitos (a partir de 01/08/2020)

- Idade mínima de 19 anos;

- Ensino médio ou superior: diploma ou certificado de conclusão ou histórico escolar. Poderá começar o curso com 75% do nível médio, mas só poderá receber a entrega da licença após apresentar a conclusão do curso do nível médio completo;

- RG ou passaporte (para brasileiros);

- Atestado médico de aptidão psicofísica;

- Certificado de antecedentes criminais;

- Comprovante de residência;

- Foto digital 3x4;

- Envio para leosamaja@atfa.com.ar e info-campus@atfa.com.ar.

Requisitos técnicos

Conhecimentos básicos de informática e tecnologia para assistir às aulas e para a realização de tarefas escritas e prova *Choise* (prova de múltipla escolha). Aprendizagem sobre a utilização de ferramenta CVAVideoAnálise, CVAPlayMaker e/ou CVAVideoupload

Matérias

- Neurociências aplicadas ao Treinamento;
- Preparação Física e Treinamento I;
- Introdução à Psicologia do Esporte;
- Técnica e Treinamento aplicada ao futebol infantil;
- Regulamento e Arbitragem;
- Sistemas Táticos e Treinamento;
- História do Futebol Argentino I;
- Medicina do Esporte;
- Prática de Ensino.

E trabalho final em clubes de base ou clubes de federação dentro da categoria pretendida.

LICENÇA A

Habilita para comandar futebol amador/futebol formativo até o sub-17, além de ser pré-requisito para cursar a Licença PRO. A duração é de um ano, mais a avaliação presencial na Argentina, na cidade de Buenos Aires, da parte teórica. Valores para o ano de

2020: 1 matrícula mais 10 mensalidades e prova presencial (valor de 2 mensalidades). Valor da mensalidade e da matrícula: R$ 700.

Pré-requisitos (a partir de 01/08/2020)

- Idade mínima de 19 anos;

- Ensino médio ou superior: diploma ou certificado de conclusão ou histórico escolar. Poderá começar o curso com 75% do nível médio, mas só poderá receber a entrega da licença após apresentar a conclusão do curso do nível médio completo;

- RG ou passaporte (para brasileiros);

- Atestado médico de aptidão psicofísica;

- Certificado de antecedentes criminais;

- Comprovante de residência;

- Foto digital 3x4;

- Envio para leosamaja@atfa.com.ar e info-campus@atfa.com.ar.

Requisitos técnicos

Conhecimentos básicos de informática e tecnologia para assistir às aulas e para a realização de tarefas escritas e prova *Choise* (prova de múltipla escolha). Aprendizagem sobre a utilização de ferramenta CVAVideoAnálise, CVAPlayMaker e/ou CVAVideoupload.

Matérias

1. Biomecânica.
2. Preparação Física e Treinamento II.
3. Psicologia do esporte.
4. Gestão esportiva.
5. Técnica e Treinamento aplicada ao futebol juvenil e profissional.
6. Medicina do esporte.
7. Técnica e Treinamento por linha de jogo.
8. Prática profissional aplicada à técnica A.
9. Direção de jogadores e equipe.
10. Tática aplicada ao futebol juvenil e profissional.
11. A prática do futebol em diferentes âmbitos.
12. Tática por linha de jogo.
13. Prática profissional aplicada à táctica A.
14. História do futebol mundial.
15. Desenvolvimento de talentos.
16. História do futebol: sistemas, equipes e jogadores.
17. Regulamento e Arbitragem.
18. Planificação de treinamento.

19. Prática profissional integral aplicada à Licença A.

Tutoria para Trabalho de Investigação (prévio ao exame final presencial)

Trabalho final em clubes de base ou clubes de federação dentro da categoria pretendida.

LICENÇA PRO

Habilita para comandar time do futebol profissional em nível nacional e internacional (Campeonato Brasileiro, Libertadores e Mundial). A duração é de seis meses, mais a avaliação presencial na Argentina, na cidade de Buenos Aires, da parte teórica e prática. Valores para o ano de 2020: 1 matrícula mais 6 mensalidades e avaliação presencial (valor de 2 mensalidades). Valor da mensalidade e da matrícula: R$ 700.

Pré-requisitos

- Ter a licença A;
- Idade mínima de 20 anos;
- Ensino médio ou superior: diploma ou certificado de conclusão ou histórico escolar;
- Poderá começar o curso com 75% do nível médio, mas só poderá receber a entrega da licença após apresentar a conclusão do curso do nível médio completo;
- RG ou passaporte (para brasileiros);
- Atestado médico de aptidão psicofísica;

- Envio para leosamaja@atfa.com.ar e info-campus@atfa.com.ar.

Matérias

1. Futebol internacional: aspectos culturais e legislativos.
2. Preparação Física e Treinamento III.
3. Gestão de Recursos Humanos.
4. Treinamento aplicado ao futebol profissional.
5. Psicologia aplicada ao alto rendimento.
6. Tática aplicada ao futebol profissional.
7. Direção de jogadores e equipes II.
8. Medicina do Esporte III.
9. Planificação de treinamento II.
10. Sistemas para análise de rendimento.
11. Regulamento e arbitragem.
12. Planificação estratégica.

Tutoria para preparação da Tese
(prévio ao exame final presencial)

Com a pandemia nos anos de 2020 a 2022, ocorreram modificações nas provas finais on-line, acréscimo de estágios e TCC como forma de complementar a carga horária, conforme requerido pela FIFA. Logo voltaram as provas presenciais na Argentina em Buenos Aires, como foi a minha.

7

U.S. SOCCER

Figura 6 – USA

Fonte: Google Imagens

Nos Estados Unidos o sistema é semelhante, porém existe mais de uma "empresa formadora". A U.S. Soccer é uma delas, porém tem uma licença a mais, a "D" — no Brasil existe a "S", de Social. Lá eles levam muito a sério uma licença para escolas secundárias, onde os técnicos são habilitados a comandar — *coach* — e existem as ligas escolares, uma espécie de preparação para as outras ligas (ligas universitárias e ligas profissionais).

No *site* da U.S. Soccer encontramos as seguintes informações:

CAMINHO DA LICENÇA DE *COACHING*

A U.S. Soccer está comprometida em fornecer a todos os treinadores, do iniciante ao avançado, uma educação adaptada às suas experiências e às necessidades de seus jogadores. O Caminho da Licença de *Coaching* consiste em uma série de cursos elaborados para atender às necessidades específicas de um *coach* em cada etapa do caminho. A U.S. Soccer acredita que a educação é uma jornada, e nosso objetivo é fornecer as ferramentas, a orientação e a mentoria necessárias que um treinador exige ao longo de seu caminho.

As licenças americanas dividem-se em D, C, B, A (A – Adulto e Jovem) e PRO, conforme orientação da Confederação de Futebol da América do Norte, Central e Caribe (CONCACAF)/FIFA, que exige cursos de Primeiros Socorros e de Arbitragem — neste, você não pode errar nenhuma resposta.

LICENÇA C

Propósito

"Preparar treinadores para trabalhar com equipes de base (U11 a U19) em um ambiente participativo".

Pré-requisitos

- Ter uma licença U.S. Soccer D por pelo menos um (1) ano;
- Pedido de isenção da licença U.S. Soccer D pode ser considerado com base na experiência anterior de jogo ou licença estrangeira;
- Pelo menos 18 anos de idade;

- Acesso a uma equipe (U11-U19).

Objetivos de aprendizado

- Observar o jogo, reconhecer formações e sistemas com papéis e responsabilidades dos jogadores;

- Observar e analisar uma equipe - identificar tendências no jogo;

- Criar um plano de jogo e treinar jogadores com base nos objetivos da sessão de treinamento;

- Para criar um ambiente de dia de jogo seguro, divertido e inclusivo;

- Demonstrar uma compreensão de como estruturar a sessão de treinamento;

- Demonstrar uma compreensão da metodologia de Orientação-Aprendizagem-Implementação (O-L-I);

- Planejar, organizar, executar e refletir sobre quatro (4) sessões de treinamento com base em dois (2) objetivos diferentes ao longo de 2 semanas;

- Demonstrar uma compreensão da influência dos estágios de desenvolvimento e características da idade no desenvolvimento do jogador;

- Criar um processo de desenvolvimento de equipe;

- Definir e implementar um plano de gestão de risco e segurança infantil dentro da equipe;

- Aplicar um processo de envolvimento dos pais;

- Desenvolver uma compreensão e um processo de autoavaliação.

LICENÇA B

Propósito

"Preparar treinadores para trabalhar com equipes jovens (U13+) ou seniores em um ambiente de atuação".

Pré-requisitos

- Ter uma licença U.S. Soccer C por pelo menos um (1) ano;
- Ter três (3) ou mais anos de experiência em *coaching* (qualquer nível);
- Acesso a uma equipe (U13+) durante toda a duração do curso, incluindo a conclusão de todas as tarefas e atribuições;
- Uma carta assinada pela liderança do clube para confirmar a posição, as funções e as responsabilidades.

Objetivos

Liderança e gestão

- Mostrar um compromisso proativo e contínuo com a aprendizagem e autodesenvolvimento;
- Analisar, avaliar e priorizar os fatores externos que afetam o ambiente de desempenho da equipe.

Coaching - Jogo

- Aplicar uma estrutura observacional para observar e analisar o desempenho da equipe relacionado ao modelo de jogo;
- Preparar a equipe para o jogo com base no plano de periodização e treinar os jogadores de acordo durante o jogo.

Coaching - Treinamento

- Aplicar uma periodização do futebol (uma semana) para otimizar o desempenho da equipe em relação ao modelo de jogo;
- Aplicar e avaliar a metodologia de Orientação-Aprendizagem-Implementação para melhorar o desempenho individual e da equipe.

Liderando o Jogador

- Demonstrar uma compreensão do desenvolvimento do jogador em longo prazo (estrutura de desenvolvimento do jogador e plano de desenvolvimento do grupo de idade U13+);
- Aplicar uma abordagem centrada no jogador para o desenvolvimento individual do jogador relacionada ao modelo de jogo (Plano de Desenvolvimento Individual do Jogador).

Liderando a Equipe

- Analisar e avaliar a dinâmica da equipe e otimizar o processo de desenvolvimento da equipe.

LICENÇA A-SENIOR (SÊNIOR)

Propósito

"Orientar os participantes a desenvolver competências para desempenhar uma função de *coaching* em um ambiente de equipe sênior de alto desempenho".

Pré-requisitos

Acesso a um sênior em uma estrutura de Clube/Organização no seguinte contexto durante toda a duração do curso, incluindo a conclusão de todas as tarefas e atribuições:

- Quatro (4) sessões de treinamento por semana;
- Competição em uma temporada de 6 a 10 meses com um mínimo de 20 jogos;
- O papel do *coaching* deve incluir influência e contribuição para o planejamento e implementação de um modelo de jogo;
- Uma carta assinada da liderança do Clube/Organização para confirmar a posição, as funções e as responsabilidades;

Estágios são aceitos, se os critérios acima forem atendidos.

Objetivos de aprendizado

Liderança e Gestão

- Para conduzir a si mesmo por meio do desenvolvimento profissional no ciclo de aprendizagem autorregulada;

- Para liderar os outros, por meio da inteligência emocional e da capacidade de trabalhar e interagir com os outros.

Coaching - Jogo

- Demonstrar uma compreensão do jogo e das tendências internacionais;

- Analisar e interpretar o desempenho individual e da equipe;

- Avaliar, planejar, implementar, monitorar e ajustar um modelo de jogo alinhado ao estilo de jogo do clube;

- Preparar a equipe para o jogo e facilitar o plano de jogo com estratégias e táticas;

- Analisar e interpretar o desempenho individual e da equipe.

Coaching - Treinamento

- Avaliar o ambiente de treinamento, as necessidades individuais e da equipe e identificar metas/objetivos;

- Desenvolver objetivos por meio do planejamento - o processo de periodização ao longo do tempo;

- Implementar o plano para atingir os objetivos;

- Monitorar e analisar o desempenho da equipe e dos jogadores.

Liderando o Jogador

- Apoiar o desenvolvimento individual por meio de avaliação, planejamento, análise e monitoramento.

Liderando a Equipe

- Apoiar o desenvolvimento da equipe por meio de avaliação, planejamento, análise e monitoramento.

LICENÇA A-YOUTH (JÚNIOR)

Propósito

"Preparar treinadores para desenvolverem times e jogadores de base (U13-19) em um ambiente de alta performance".

Pré-requisitos

- Ter uma licença U.S. Soccer B por pelo menos um (1) ano;

- Para serem considerados para o curso U.S. Soccer A-Youth, os candidatos devem atender aos seguintes pré-requisitos;

- Acesso a uma equipe (U13-U19) em uma estrutura de Clube/Academia no seguinte contexto durante toda a duração do curso, incluindo a conclusão de todas as tarefas e atribuições:

- Quatro (4) sessões de treinamento por semana;

- Competição em uma liga regional ou nacional de uma temporada de 10 meses com um mínimo de 20 jogos;

- Uma carta assinada pela liderança do clube para confirmar a posição, as funções e as responsabilidades;
- Estágios são aceitos, se os critérios acima forem atendidos.

Objetivos

Liderança e Gestão

- Comprometer-se com a aprendizagem e o autodesenvolvimento;
- Gerenciar programas e relacionamentos para melhorar o ambiente de desempenho.

Coaching - Jogo

- Demonstrar e compreender o jogo e as tendências internacionais;
- Analisar e interpretar o desempenho individual e da equipe;
- Avaliar, planejar, implementar, monitorar e ajustar um modelo de jogo alinhado com o plano de desenvolvimento de jogador de longo prazo do clube;
- Preparar a equipe para o jogo e facilitar o plano de jogo com estratégias e táticas;
- Analisar e interpretar o desempenho de sua equipe e individual.

Coaching - Treinamento

- Avaliar o ambiente de treinamento, as necessidades individuais e da equipe e identificar metas/objetivos;
- Desenvolver objetivos por meio do planejamento - o processo de periodização ao longo do tempo;
- Implementar o plano para atingir os objetivos;
- Monitorar e analisar o desempenho da equipe e do jogador.

Liderando o Jogador

- Apoiar o desenvolvimento individual por meio de avaliação, planejamento, análise e monitoramento.

Liderando a Equipe

- Apoiar o desenvolvimento da equipe por meio de avaliação, planejamento, análise e monitoramento.

LICENÇA PRO

Propósito

"Preparar treinadores para atuarem como treinador principal junto a uma equipe sênior do mais alto nível do futebol profissional nacional e internacional".

Critério de admissão

Para serem considerados para o curso U.S. Soccer Pro, os candidatos devem atender aos seguintes pré-requisitos:

- Um Treinador Principal ou Treinador Assistente de uma equipe profissional na MLS / NWSL / NISA / USL;

- Um Treinador Principal ou Treinador Assistente de uma equipe da academia: MLS (U23) / NWSL (U19);

- Treinador Principal de uma seleção juvenil (U17+) ou superior.

O candidato deve ter ocupado um cargo de tempo integral em uma liga profissional reconhecida do futebol dos EUA e

> [...] deve ter completado pelo menos um ano de experiência como treinador principal ou treinador assistente em nível profissional antes da data de início do curso
>
> Uma carta assinada da liderança do Clube/Organização para confirmar a posição, as funções e as responsabilidades é necessária como parte do processo de inscrição.

Objetivos de aprendizado

- Criar uma identidade de equipe dentro da cultura do clube e crenças próprias (ideia do jogo);

- Demonstrar uma compreensão e aplicação eficaz das tendências / evolução (inter)nacionais do jogo para melhorar o desempenho da equipe;

- Definir metas sazonais, refletir sobre o desempenho da própria equipe / e ajustar as metas onde e quando necessário;

- Criar e aplicar uma estrutura e processo - que englobe o uso de tecnologia (dados / vídeo) - para executar, analisar, interpretar e avaliar o processo de desenvolvimento da equipe, o desempenho da equipe / individual e o próprio desempenho;

- Criar, planejar, implementar, monitorar e avaliar a periodização tática (sazonal) e entender a periodização física; sazonal para otimizar o desempenho individual e da equipe dentro e fora do campo;

- Demonstrar compreensão das metodologias de treinamento e *coaching*, desenvolver as suas próprias e aplicar a melhor metodologia dada a situação do jogador e/ou da equipe;

- Criar um plano de jogo vencedor com base na análise da própria equipe e do adversário, preparar a equipe e os jogadores individuais para o jogo e executar estratégias e táticas para ter a melhor chance de vencer o jogo;

- Liderar e colaborar com todos os membros da equipe e outros dirigentes do clube para desenvolver a maneira ideal de comunicação e influência para melhorar ainda mais o ambiente de desempenho;

- Falar com os meios de comunicação para passar uma mensagem que reforce e apoie o processo de desenvolvimento contínuo da equipe, dos jogadores e do clube;

- Ensinar os jogadores, a equipe e a si mesmo a lidar e enfrentar o estresse e a pressão.

Duração e atividades do curso

12 Meses: dezembro - dezembro (padrão de curso típico);

- Três (3) reuniões presenciais (5 dias cada);
- Quando possível, um encontro internacional;
- Duas reuniões presenciais ou virtuais com o instrutor em ambiente de equipe própria dos candidatos;
- Reuniões virtuais com todo o grupo / pequenos grupos / 1 a 1;
- Períodos independentes de aprendizagem e desenvolvimento;
- Palestrantes convidados;
- Apresentação final e entrevista.

8

UEFA

Figura 7 – UEFA

Fonte: Google Imagens

A União Europeia das Associações de Futebol (em inglês, UEFA) é a maior autoridade em futebol da Europa. O mais alto nível de qualificação de treinadores da UEFA é a licença de treinador profissional, que é direcionada para os clubes de elite da Europa. A Associação de Futebol da Inglaterra (FA) oferece cursos de treinador desde os níveis da base para os técnicos ganharem experiência ao se tornarem treinadores de clube Nível 1 da FA. A partir de então, você pode trabalhar para chegar a treinador de clube Nível 3 UEFA A, que é um degrau abaixo da licença de treinador profissional.

A UEFA apoia a comunidade de treinadores do futebol europeu encorajando a partilha do conhecimento entre técnicos de todo o continente e ajudando os responsáveis pela formação da nova geração de treinadores.

PARTILHAR CONHECIMENTOS

A UEFA encoraja a partilha de ideias e conhecimentos em toda a Europa; por essa razão, técnicos e treinadores encontram-se com a UEFA com regularidade.

> **Clubes:** Os treinadores dos clubes mais importantes do continente reúnem-se no Fórum de Treinadores de Clubes de Elite da UEFA, na sede do organismo, em Nyon, na Suíça, no início de cada época para discutirem questões técnicas da agenda do futebol europeu de clubes.

> **Seleções nacionais:** É organizada uma conferência com os selecionadores nacionais após cada fase final do Campeonato do Mundo e Campeonato da Europa. A última aconteceu em Setembro de 2014, em São Petersburgo, na Rússia. [O principal tema do encontro foi a análise tático/técnica da Copa do Mundo de 2014, realizada no Brasil.]

Futebol feminino: a primeira conferência para treinadores e treinadoras de seleções nacionais femininas ocorreu em Lyon, em dezembro de 2009. E logo houve outra em Lyon, em dezembro de 2013.

FORMAÇÃO DE TREINADORES

De dois em dois anos, a UEFA organiza um curso prático específico para formadores de treinadores. Budapeste foi o palco do último evento, em outubro de 2013.

Em 2011, teve início um inovador programa-piloto de troca para formadores de treinadores, com a realização de 11 seminários até ao fim de 2014, abraçado já por 44 federações, algumas das quais participando mais do que uma vez. O objetivo é dar aos estudantes de Licença Pro da UEFA a oportunidade de trocar conhecimentos internacionais, bem como desfrutar de acesso direto aos mentores da UEFA e a conteúdo, como parte da respectiva formação.

A UEFA preocupa-se igualmente com a necessidade de preparar treinadores de áreas específicas, tendo criado para tal em 2013 novos cursos para treinadores de goleiros, preparadores físicos e técnicos de futsal. Esses cursos especiais completam outras atividades da UEFA, como o projeto do Grupo de Estudos da UEFA, que promove a divisão de conhecimento dentro do continente europeu com as melhores práticas nas áreas de formação de treinadores, o futebol feminino, as "raízes" do futebol ou o futebol jovem de elite. Cerca de 1.700 técnicos beneficiam-se anualmente deste projeto.

FORMAÇÃO UEFA: LETÔNIA E LITUÂNIA

Do professor Thiago Bonfim, ex-técnico das bases do Vasco e carioca que trabalha nesses dois países da antiga União Soviética, obtivemos as seguintes informações a respeito de como os profissionais do futebol são tratados nesses dois países. Não é necessário o pré-requisito de Educação Física para ser técnico de futebol.

CONVENÇÃO DE TREINADORES DA UEFA

Em 1997, a UEFA criou a Convenção para o Reconhecimento Mútuo de Habilitações de Treinadores da UEFA. O seu objetivo passa por "proteger a profissão de treinador" e facilitar a "livre circulação de técnicos habilitados dentro da Europa, de acordo com a legislação" da União Europeia e, ao mesmo tempo, melhorar os padrões de qualidade dos treinadores em todos os níveis.

Em dezembro de 2008, todas as federações filiadas na UEFA tinham já subscrito a convenção, e são todas agora membros em vários níveis. Em 2015, houve uma atualização à convenção — graças a ela existem agora cerca de 200 mil treinadores em toda a

Europa com qualificações da UEFA — que foi levada a cabo para ir ao encontro dos requisitos atuais e refletir sobre formas de evolução entre os treinadores na UEFA e em toda a Europa.

Mais de 162 mil treinadores espalhados por toda a Europa contam agora com uma qualificação reconhecida pela UEFA.

UEFA ESPANHA

As licenças são parecidas, no entanto não são exatamente iguais. As federações têm autonomia em aplicar seus cursos, mas, depois da finalização destes [parte teórica nota (0-10), 3 meses; e prática (apto ou inapto)], serão avaliados, e os que atingirem os resultados desejados terão seus respectivos certificados UEFA para titulação (validação).

Licença C na Espanha

- Valor na Espanha, cidade de Andaluzia: € 175,00.

- Federação Andaluza de Futebol;

- Escola Andaluza de Treinadores (www.cedifarfaf.es, www.cedifa.org).

Figura 8 – Capa sobre o curso de treinador de futebol

Fonte: acervo do autor

- Pré-requisitos: mínimo de 16 anos e segundo grau ou ensino médio finalizado. Quando menor de idade, deverá ter autorização dos pais ou tutor.

Quadro 7 – Grade horária

Matérias	Duração de 60 horas (teórico) e 100 horas (práticas)
Análise (AN)	
Evolução (EV)	
Criação de Equipes (CE)	
Sessões de Treinamento (SE)	
Periodização (PE)	
Filosofia Didática (FD)	6 h

Liderança (LI)

Regras do Jogo (RJ)

Filosofia, Nutrição e Medicina (FL)

TOTAL DE HORAS   60 h

Fonte: o autor

UEFA PORTUGAL

Os cursos da Associação de Futebol de Évora serão realizados da seguinte forma:

1. Curso Formação Geral e Específica: com um total de 107 horas em 2020/2021 (2019/2020 eram 140 horas); as aulas serão normalmente às segundas, quartas e sextas-feiras à noite, podendo haver aulas aos sábados também.

2. Estágio: duração mínima de 6 meses, mesmo no período 200/2021.

Será realizado em entidades desportivas distrital/regional e assume o estrito respeito pelas Leis do Jogo do Futebol aprovadas pelo International Football Association Board (IFAB) e pela regulamentação da FIFA e da UEFA. O treinador-estagiário respeitará, no período dos 6 meses de estágio, os números mínimos de 48 horas de sessões de treino com praticantes sub-7 e sub-9; e de 72 horas com praticantes sub-11, sub-13 e femininos sub-19. Deverá cumprir os números mínimos de 15 jogos em todos os escalões masculinos e femininos de sub-7, sub-9, sub-11 e sub-13 e de 10 jogos para os escalões femininos até sub-19, inclusive.

Pré-requisitos mínimo de 18 anos e 2º grau ou ensino médio finalizado até o fim do curso. Serão 30 vagas; caso existam mais de 30 interessados, serão utilizados os seguintes critérios. A prioridade é para ex-jogadores

1. Jogador(a) Internacional "A" da Seleção Portuguesa.

2. Jogador da I Liga Profissional ou competição equivalente.

3. Jogador da II Liga Profissional ou competição equivalente.

4. Jogador internacional Sub-21.

5. Jogador internacional Sub-20.

6. Jogador(a) internacional Júnior.

7. Jogador do Campeonato Portugal ou ex: II Divisão Nacional ou competição equivalente.

8. Jogador da III Divisão Nacional ou competição equivalente.

9. Jogadora do Campeonato Nacional de Futebol Feminino (e ex-I Divisão Feminina).

10. Jogador dos Campeonatos de Seniores de Associações de Futebol.

11. Jogador do Campeonato Nacional Juniores "A" I Divisão.

12. Jogadora do Campeonato de Promoção Futebol Feminino (e ex-II Divisão Feminina).

13. Jogador(a) dos restantes Campeonatos Nacionais Juniores.

14. Jogador(a) dos restantes Campeonatos Juniores das Associações de Futebol.

15. Jogador(a) de Futsal.

16. Outros candidatos.

Licença C em Portugal (Associação de Futebol de Évora)

Quadro 8 – Matérias

Formação Geral

Funcionamento do corpo humano e primeiros socorros e antidopagem	5 h
Desporto Adaptado	2 h
Formação Específica	
Metodologia do Treino do Futebol	24 h
Técnica-Tática	30 h
Capacidade Motoras no Futebol	22 h
Psicologia Aplicada ao Futebol	14 h
Arbitragem e Leis do Jogo	4 h
Gestão e Organização do Futebol	6 h
TOTAL DE HORAS (7 h + 100 h)	100 h

Fonte: o autor

Licença B em Portugal (Associação de Évora)

Quadro 9 – Matérias

Formação Geral	
Traumatologia no Desporto	2 h
Antidopagem	2 h
Desporto Adaptado	2 h
Fisiologia do Exercício	8 h
Nutrição	4 h
Formação Específica	

Metodologia do Treino do Futebol	32 h
Técnica-Tática	32 h
Capacidade Motoras no Futebol	30 h
Psicologia Aplicada ao Futebol	20 h
Arbitragem e Leis do Jogo	10 h
Gestão e Organização do Futebol	6 h
TOTAL DE HORAS (18 h + 130 h)	148 h

Fonte: o autor

CAPACITAÇÃO

Nível de qualificação

Step 1

Inscreva-se no programa para se tornar treinador da Associação de Futebol de clube Nível 1 da FA (ver recursos). Os cursos são dados em várias localidades do Reino Unido e são direcionados aos que não têm experiência como treinadores. Os cursos oferecem técnicas de treinamento básico.

Step 2

Participe do programa de treinador de clube Nível 2 da FA. Os cursos são ministrados em algumas épocas do ano em centros por todo o Reino Unido. É um curso para aqueles que têm experiência como treinadores de futebol ou completaram o curso Treinador de Clube Nível 1 da FA. O curso cobre formações táticas e sessões de treino sobre como ser um treinador.

Step 3

Complete o Treinador Nível 3, que é a qualificação reconhecida pela UEFA B. Os cursos são ministrados por todo o Reino Unido. Os participantes devem ter completado o programa treinador de clube Nível 2 da FA para se inscreverem. O curso cobre aprofundada mente práticas de treinamento de futebol, como partidas em campo pequeno, avaliação da performance de jogadores e equipes. Você também aprenderá a analisar partidas de futebol e avaliar a dieta e condições físicas e psicológicas de jogadores.

Step 4

Passe na avaliação da Licença UEFA A. O curso é ministrado nacionalmente no Reino Unido, e a qualificação é respeitada por todo o universo do futebol. Durante o curso, você aprenderá sobre o desenvolvimento prático e teórico do futebol moderno. Você terá que criar, organizar e avaliar sessões de treino em habilidades avançadas, táticas, estratégias e sistemas de jogo. Você deve completar o Curso Preparatório UEFA A para começar o curso da licença de treinador UEFA A. Após completá-lo, você será um treinador certificado pela UEFA.

Step 5

Inscreva-se em um curso de licença UEFA A. Esta licença é obrigatória para todos os treinadores das divisões Europeias. O curso combina habilidades do treinador com administrador como por exemplo conhecimento de leis trabalhistas, finanças, mídia, tecnologia, administração de empresas e estruturas de clubes. Uma vez certificado, você será habilitado para começar sua carreira como treinador.

9

FORMAÇÃO DA BASE AO PROFISSIONAL

Ao lermos manuais como o da Confederação Sul-Americana de Futebol, vemos estratégias à formação de base de times para a CONMEBOL e temos a certeza de que, na formação dos novos técnicos, haverá um novo prumo, pois os técnicos que trabalharam em escolas ou clubes deverão seguir uma "pedagogia dos bairros e da rua".

Se quisermos, em um futuro próximo, ver as seleções de base competindo de igual para igual com as dos outros continentes, teremos de trabalhar corretamente a formação dos novos jogadores masculinos e femininos entre 6 a 13 anos de idade. Eles deverão começar em um trabalho de base nos bairros, depois em um futebol das ruas, até o futebol escolar, sendo incentivados e evitando-se sua EXTINÇÃO desses locais, pois essas fases da base da formação criativa não podem ser puladas, tendo o imprevisível como fator primordial nessa evolução do talento.

Temos no manual do treinador sul-americano do CONMEBOL, no capítulo "Nosso treinador/a e seus jogadores e jogadoras", que

> O treinador esportivo, que trabalha com crianças e jovens, tem a necessidade de enfatizar a aquisição de habilidades e capacidades de ação, ou seja, tudo que está relacionado à técnica do próprio esporte, aos movimentos do corpo, à postura do tronco, do pé, ao domínio da bola, à compreensão do jogo, tudo o que associamos à técnica e táctica do futebol, bem como ao desenvolvimento dos movimentos corporais onde também podemos incluir o desenvolvimento físico [, intelectual e motor].

ERROS DO TREINADOR INICIANTE (NA BASE)

Em uma frase que ouvi esses dias, havia uma referência a ser seguida: "*Não devemos impedir o voo, mas sim orientá-lo*", falando sobre os dribles e a iniciativa das crianças. Creio que a principal orientação é a correta utilização de atividades criativas, uma saída de bola consciente, buscando bom passe, saída rápida e passe orientado, fazendo com que isso ocorra de forma natural, e não impositiva, uma "descoberta dedutiva do aluno", e não intencional do professor.

Agora na pandemia, quantas vezes ouvimos "técnicos" falando para o garoto (criança): "Faz o feijão com arroz, simplifica, não inventa". Aí a criança cresce, e mudamos o discurso para o garoto limitado, sem criatividade.

Conheci um grande estudioso dos treinadores, Gabriel Bussinger, e em conversa com ele percebi que cometemos alguns desses erros — e incluo-me entre essas pessoas. Eis alguns dos erros que ele mencionou em uma entrevista.

1. O excesso de informações: queremos demonstrar que nossos conhecimentos podem, em vez de ajudar, ter o efeito contrário, o de atrapalhar. Quantos de nós, depois que paramos de jogar bola, pensamos "Se eu soubesse disso quando era criança, seria muito melhor".

2. Falar demais pode ser outro ponto negativo, pois, assim como não gostamos de professores falarem demais, crianças e jovens muito menos. Elas acabam retendo muito menos, e às vezes, quando questionamos sobre algo falado por nós em outra aula, nem lembram disto, e "reclamamos" da falta de atenção às informações passadas.

3. **Gabriel Bussinger** abriu-me os olhos para as ideias de Paulo Freire — pedagogia da autonomia. Ele disse:

> Não podemos subestimar a capacidade de aprendizagem e de desenvolvimento dos alunos, eles não

são uma conta bancária onde depositamos "valores" de conhecimento de forma cumulativa, pois eles precisarão "digerir" a aprendizagem.

Ela poderá ser de forma rápida ou de forma mais lenta. Cada criança tem seu próprio tempo de absorção.

Outra forma de assimilação poderá ser por meio das nossas palavras, em vários treinos ou via jogos, melhorando a postura em campo. Por exemplo, um atacante que "percebe" que marca melhor, em vez de ficar passivo, tornar-se-á um jogador melhor, mais participativo e **proativo**, em palavras mais atuais. Outro exemplo: um lateral que apoia de forma efetiva o ataque, mas sem comprometer-se com a defesa, tendo sempre a cobertura de seus colegas, será visto como um atacante frustrado que virou lateral, mas dever-se-ia vê-lo como um excelente lateral que merece apoio com uma boa cobertura, pois está ajudando o time a ganhar.

4. Ansiedade pedagógica: o técnico, quando treina, não deve fazê-lo como se lidasse com jogadores de videogame, em que tudo funciona conforme seus comandos. Devemos deixar o jogador errar, pois este também aprende com seus erros e crescerá sob nossa orientação construtivista.

5. Quando planejamos um treino e o interrompemos demais para corrigir os jogadores, achamos que na hora do jogo eles vão fazer tudo certinho. Quando o resultado não é o esperado, não temos jogo de cintura para uma autocorreção, seja dos treinos, seja da metodologia. O ideal seria revermos o planejamento para que os jogadores passassem a ter iniciativa.

6. Deveríamos dar *feedbacks* em uma reunião com toda a comissão e perguntar aos atletas o que eles poderiam sugerir para melhorar o treino e as soluções, então colocar as ideias sobre a mesa e traçar estratégias.

OS RELACIONAMENTOS DE UM TÉCNICO

O técnico e a família: é importante que sua família o apoie para que ele não sinta remorso pelo tempo que fica longe. Estar pelo menos no país do seu time já é um bom referencial.

O técnico e a arbitragem: ele deve sempre tratar com respeito a arbitragem, para influenciar seus subordinados em qualquer faixa etária. Questionar sim, xingar e menosprezar não.

O técnico e a família dos atletas: quanto mais idade, menor a proximidade. É importante ter respeito, consideração e informar os pais sobre critérios de jogos, campeonatos, substituições e convocação, para diminuir os atritos com os pais.

O técnico e todos os funcionários do clube: de forme equânime e respeitosa, pois todos são importantes, incluindo o roupeiro, que sabe mais dos atletas que os próprios pais.

O treinador e a tecnologia: não precisa saber de tudo, mas é importante estar atualizado, principalmente em relação ao futebol, como utilização do sistema de posicionamento global (GPS) em treinamentos e jogos; medidores de inflamação, como creatinoquinase (CK); programas de avaliação de atletas, como TacticUP — programa que, por meio de imagens, avalia diversas características de jogadores de futebol conforme sua posição —; Futsal, um programa que avalia a qualidade de movimentação, quantidade de passes, ambos desenvolvidos pela UFV; T-CAT — programa de avaliação física para futebol com orientação para aplicação de diversos testes e seu acompanhamento, desenvolvido pelo professor Baian D. Dorneles; Kora e GPET.

SOLUÇÕES PARA MELHORARMOS COMO TREINADORES

Características gerais de um treinador:

- Ser inteligente;

- Saber escolher bem os jogadores;

- Intervir somente quando necessário;

- Passar confiança aos jogadores;

- Observador por natureza — ver além da bola;

- Ser líder por natureza, e não apenas chefe.

DANÇAS DAS CADEIRAS DOS TÉCNICOS: COMO FUNCIONA NO BRASIL

Já comentamos que a carreira "normalmente" começa pela base, categorias sub-8 até sub-20, e que depois você passa ao profissional, quando pode pensar "Me dei bem". Mas aí começam os problemas: na base, sua estabilidade dura aproximadamente um ano, já no profissional tudo dependerá da sua "sorte" — por quê?

O bom técnico deverá buscar treinar um time no início da temporada, ou diria pré-temporada. Você agora é um diretor técnico (DT), como diriam europeus e argentinos, pois suas responsabilidades vão além de "treinar" uma equipe. Você deverá avaliar o plantel, definir, de acordo com a previsão dos seu time, com quantos jogadores você poderá contar. Por exemplo, se 3 goleiros e 2 jogadores por posição, seriam 23, só que não... Na maioria das vezes, de 16 a 18, pois você já terá de fazer cortes e ter alguns coringas (jogadores que atuem em mais de uma posição); se estiver em competição internacional, terá mais jogadores (20 a 23). Durante esse período de preparação, você terá umas duas semanas para montar sua comissão, definir um modelo de jogo e começar a treinar; logo terá de fazer amistosos e você já estará sendo avaliado — por exemplo, uma técnica de seleção, mesmo sem perder um jogo sequer, foi dispensada antes mesmo de começar um campeonato oficial.

Como funciona esse negócio? A torcida e o dirigente assistem aos jogos; e, como o time ainda não se encaixou ou o time não "joga bonito", já começam nas redes sociais as críticas leigas, os "comentaristas esportistas" começam a "cornetar" comparando-o com o técnico anterior, pois eles vivem de notícias. No início a diretoria apoia o técnico, pois a rescisão é cara e a lei a obriga a no mínimo três meses de contrato. Começa o campeonato. Na hora que você perde o segundo jogo, a pressão aumenta e o técnico está com a "corda no pescoço"; o ambiente está tenso no vestiário; reservas querem jogar; o queridinho da diretoria é barrado por não apresentar resultado... (mas ele trouxe os patrocinadores); a torcida manda mensagens ameaçando a diretoria ou seu diretor técnico; o presidente cobra do diretor e este do técnico; este pede mais jogadores e.... o restante você já sabe. Essa é a cultura no Brasil.

Na Inglaterra, alguns treinadores famosos como Guardiola e Klopp tiverem um ano ou mais para montar times campeões, mas aqui o pavio é curto, não adianta falar que "O clube tem que ter paciência"; a torcida "manda", destrói, e ela é o "patrão" em última instância, e não adianta colocar só a culpa no sistema.

Só para conhecimento dos leitores, nos últimos 10 anos 70% dos técnicos saíram do circuito profissional e outros surgiram. Hoje, temos três vertentes de treinadores: aqueles que vêm da base do próprio time, conhecem quase todo o elenco que veio da base; dois técnicos estudiosos (tanto ex-jogadores como professores), a maioria licenciada pela CBF (uma tendencia irreversível); e uma terceira de estrangeiros, pois dirigentes acham que sai "mais barato" colocar um treinador estrangeiro, já que poderá ser "menos" criticado ou levará mais tempo para a torcida pedir sua saída, ficando em uma posição mais confortável com relação às críticas.

10

COMPETÊNCIAS DE UM TÉCNICO DE FUTEBOL

Este capítulo foi escrito em homenagem ao treinador e professor Gabriel Bussinger. Após conhecer seu trabalho de mestrado, inclui este capítulo, que considero de suma importância na formação de um treinador e traz assunto pouco explorado nos cursos de treinadores de que participei. Aliás, ele sugere que a formação não seja só a formal.

As competências de um treinador de futebol, conforme a escola canadense (ICC, 2009; GILBERT *et al.*), são:

1. Formal (cursos), com mediador apresentando a matéria.

2. Aprendizagem não formal (cursos em *workshop*, cursos curtos, seminários, congressos, painéis de debates e mesas de debates sem mediação).

3. Aprendizagem informal: no início de carreira, o treinador necessita de uma aprendizagem formal, de um mentor.

Depois do sétimo ou oitavo ano, ele passará a ter maior aprendizagem do ensino informal. Os novos cursos deverão avaliar situações complexas como problemas de vestiários, administração de situações de conflito, tanto com a administração quanto com a imprensa e a torcida.

TRÊS ESCOLAS: AUSTRALIANA, CANADENSE E INGLESA

a. Competência Profissional: compõe-se de uma boa base pedagógica, conhecimento metodológico, um olhar sobre o jogo, conhecimento tático, conhecimento estratégico, ações com os jogadores (vestiário ou balneário, como falam os portugueses), manusear *softwares* para correções de jogo.

b. Competência Interpessoal: liderança transformacional, aprender a trabalhar melhor, saber liderar processos, ter comunicação assertiva, saber passar para cada pessoa, independentemente do nível na cadeia de comando, empatia com todos (*staff*, imprensa, diretoria, jogadores, profissionais de todos os níveis do clube, limpeza, secretarias, roupeiro), bom relacionamento com a imprensa, com o vestiário, honestidade, falar olho no olho, lealdade, até para coisas "ruins".

c. Competência Intrapessoal: ideias, princípios e valores, filosofia de liderança utilizada para gerir um time.

    a. O que pensa.

    b. Como pensa a prática e a executa.

    c. Como ele avalia esta tarefa.

Pode ser utilizado o trifásico ou o tripartite.

11

TIPOS DE TÉCNICOS DE FUTEBOL

TIPOS DE TREINADORES CONFORME A VISÃO DA ESCOLA ARGENTINA

a. Ultradefensivos: são abomináveis, os famosos "retranqueiro" ou, na linguagem de hoje, "reativos". Exemplo: Carrile, esquema tático 1-6-5 ou 1-5-4-1. Manda os zagueiros chutarem a bola para longe em qualquer situação. Gostam do jogador "morcego", "aquele que fica preso ao travessão". Utilizam frases como "Melhor perder de pouco ou empatar". Na maioria das vezes, são contratados para evitar um rebaixamento; jogam por uma bola, mas frequentemente não querem nem ficar com ela.

b. Ditadores: têm o controle total das ações, centralizam as decisões, a escolha do elenco, os treinamentos físicos, táticos e técnicos. Eles são os "psicólogos" do time. São autoritários autocráticos, punem por qualquer motivo, pisam nos "fracos" e aliam-se aos fortes, sejam jogadores, sejam diretores.

c. Cibernéticos: gostam de tecnologia e pautam todas as suas ações com base nas informações estatísticas, como escolha de jogadores, esquema de jogo, substituições. Seu treino funciona à base de informações do analista sobre o adversário e da atitude de seus jogadores nos treinos. Durante o jogo e no intervalo, utilizam-se dessas informações.

d. Líricos: tratam todos muito bem (simpáticos), quase nunca discutem, deixam o jogo "correr em banho-maria", não gritam à beira do campo; em seus treinamentos, não se preocupam muito com tática ou a técnica, deixam os jogadores "soltos".

e. Oportunistas: estão entre os líricos e os cibernéticos; apegam-se às informações que possam trazer resultados positivos, dão-se bem com todo mundo, mas fazem armações pelas costas. Afirmam sempre que o adversário é o favorito, procuram fazer conchavos visando ficar bem com todo o grupo; todos são titulares, mas escala os que podem lhes dar retorno, seja com a torcida, seja com os diligentes. Normalmente, são chamados quando um técnico bate de frente com a torcida, aí chegam falando que a torcida "escolhe o time"; se fossem políticos, seriam os "populistas ou populares"; evitam brigar com os repórteres.

f. Alentadores: são boas pessoas e com reconhecimento dentro do mundo desportivo, serão diretores dentro de seus respectivos clubes e, em caso de necessidade, voltarão à ativa; se fracassarem, chamarão os "ultrarretranqueiros" como última tábua de salvação antes do rebaixamento. São os chamados "professores", que resolvem tudo com a motivação, como Papai Joel. Muitos têm sucesso, pois não inventam, fazem apenas o feijão com arroz.

Dito isso, agora temos de visualizar quais os estágios do treinador de futebol.

FASES DO TÉCNICO DE FUTEBOL

a. Iniciante: depois de um mínimo de cursos e conhecimento e de ser estagiário em escolas, projetos sociais, entre outros, trabalhando com futsal, futebol 7 (fut7) e campo. Se for mais difícil, procurará uma quadra ou um terreno baldio (vazio) para começar a aplicar seus conhecimentos, levará os garotos a participar de competições, campeonatos e fará parcerias para conseguir "patrocínio" com padarias, lanchonetes, lojas de materiais esportivos — conhecer a Lei de Incentivo ao Esporte (LIE) poderá ajudar a conseguir patrocínio. No interior, buscará apoio com prefeituras.

b. Básico: já trabalha com associações profissionais, escolas de clubes famosos e clubes municipais e regionais, participa de campeonatos famosos do estado, já tem uma metodologia de trabalho e alguns amigos que são sua comissão; às vezes, tem de colocar dinheiro do próprio bolso e patrocínio de amigos e parentes que acreditam no seu trabalho.

c. Avançado: técnicos profissionais com licenças oficiais e que atuam nos campeonatos regionais e nacionais, já com uma comissão técnica, mesmo que reduzida, e um mínimo de estrutura, como campos, alojamentos e até um Centro de Treinamento (CT).

d. Inovador: técnicos em nível internacional, como Guardiola, Van Gaal, Mourinho, Tite, entre outros. São técnicos que não estagnaram no tempo, reinventando-se a cada temporada ou conforme o time ou o país em que trabalham. Poder-se-ia dizer que, se um técnico que está em uma categoria como um sub-23 for para o profissional do mesmo time ou outro, poderá retroceder de Inovador para Avançado.

12

SOBRE OS TÉCNICOS DE FUTEBOL

Segundo fontes sobre o futebol, um dos primeiros técnicos e que mais tempo trabalhou foi Jack Reynolds, treinador do Amsterdamsche Football Club Ajax (AFC Ajax) por 33 anos, com início no século XX (1915-1925, 1928-1940 e 1945-1947).

Rinus Michels, que foi seu atleta, tornou-se técnico também do Ajax e trabalhou o conceito de seu ex-treinador no que se denominou mais tarde "futebol total", usando-o tanto para o Ajax quanto para a seleção dos Países Baixos — a Holanda, chamada de "carrossel holandês", foi vice-campeã na Copa do Mundo de 1974, perdendo para a Alemanha — nas décadas de 1960 e 1970. Chegou até a final da atual Liga dos Campeões da UEFA na temporada 1968/1969, dominando o cenário europeu nas temporadas de 1970/1971 e 1972/1973 com o Ajax, mas foi interrompido em 1969/1970, quando foi vencido por outro time dos Países Baixos, o Feyenoord (fontes ainda não confiáveis ou independentes).

RANKING* DOS DEZ TÉCNICOS COM MAIS TÍTULO NO MUNDO, PELA REVISTA *#FERA

- 1º lugar Sir Alex Ferguson (Escócia), com 49 títulos, incluindo a Liga dos Campeões.
- 2º lugar Mircea Lucescu, com 32 títulos, comandando, entre outros times, Dínamo de Bucareste, Galatasaray, Besisktas, Zenit e principalmente Shakhtar Donetsk; campeão da liga Europa.

3º lugar Valeriy Lobanovskyi, com 30 títulos e grande ídolo do Dínamo de Kiev, Ucrânia, criador do jogo mecânico científico.

4º lugar Ottmar Hitzfeld, com 28 títulos, comandando principalmente Bayer e Borussia, mas também Aarau e Grasshopper na Suíça.

5º lugar Luiz Felipe Scolari (Felipão), com 26 títulos, uma Copa do Mundo pelo Brasil, títulos nacionais e estaduais pelo Criciúma, pelo Grêmio, pelo Palmeiras, pelo Cruzeiro e no exterior (Qadsia, no Kuwait; Bunyodkor, no Uzbequistão; Guangzhou Evergrande, na China; e pela seleção do Kuwait).

6º lugar Pep Guardiola, com 26 títulos, 4 na Inglaterra, outros na Alemanha, pelo Bayer de Munique, e pelo Barcelona.

7º lugar Jock Stein, com 26 títulos, sendo a maioria pelo Celtic e uma Liga dos Campeões.

8º lugar José Mourinho, com 25 Títulos por Porteo, Chelsea, Manchester United, Milan.

9º lugar Giovanni Trapattoni, com 23 títulos, pelo Milan, Bayer, Benfica, Red Bull Salzburg, seleção inglesa e Juventus.

10º lugar Arsène Wenger, com 21 títulos, pelo Monaco, pelo Nagoya Grampus e muitos pelo Arsenal.

RANKING DOS DEZ TÉCNICOS BRASILEIROS COM MAIS TÍTULOS SEGUNDO O *SITE* TORCEDORES.COM

1º lugar	Luiz Felipe Scolari	26 títulos
2º lugar	Vanderlei Luxemburgo	23 títulos
3º lugar	Givanildo Oliveira	22 títulos
4º lugar	Lula	21 títulos
5º lugar	Joel Santana	20 títulos
6º lugar	Evaristo de Macedo	19 títulos
7º lugar	Telê Santana	18 títulos

8º lugar	Levir Culpi	16 títulos
9º lugar	Muricy Ramalho	16 títulos
10º lugar	Oswaldo Brandão	15 títulos

TÉCNICOS DIFERENTES

Givanildo foi um dos maiores ganhadores regionais no Brasil, principalmente no Nordeste, com três copas da Série B, uma da Série C, uma dos Campeões Regionais. Títulos regionais (19 títulos):

1 – Campeonato Baiano 2007.

8 – Campeonato Paraense 1987, 1993, 1994, 2000, 2001, 2002, 2004, 2018.

1 – Campeonato Mineiro 2016.

5 – Campeonato Pernambucano 1991, 1992, 1994, 2005, 2010.

1 – Campeonato Brasiliense 2007.

1 – Campeonato Cearense 2017.

1 – Copa Norte 2002.

1 – Campeonato Alagoano 1990.

13

COMO SE TORNAR UM TREINADOR *EXPERT*?

Para uma formação adequada, é de fundamental importância uma graduação em Esporte ou Educação Física. Os cursos de especialização, mestrado e doutorado podem ser feitos no Brasil ou no exterior. Aqui, temos a UFV, um dos principais polos brasileiros de formação, tendo à sua frente o Prof. Dr. Israel Teoldo; a Universidade Federal de Minas Gerais (UFMG), a Universidade Federal de Santa Catarina (Ufsc), a Universidade Federal do Rio Grande do Sul (UFRGS), a Universidade Federal de Ouro Preto (UFOP), a Universidade Federal do Amazonas (UFAM), a Universidade de São Paulo (USP), a Universidade Estadual de Campinas (Unicamp), a UFRG, a maioria com núcleos de futebol.

Fora do Brasil, temos, por exemplo, em Portugal a Universidade do Porto, com professores como Victor Frade, na área de Periodização Prática; Júlio Garganta, na área de Análise do Jogo, entre outros excelentes profissionais, em Lisboa, Londres, entre outros países.

Cada vez mais temos profissionais com mestrado e doutorado dentro do Futebol, tendo o trabalho com base científica cada vez mais difundido; e o espaço para o trabalho empírico, diminuído.

Na parte organizacional, diversos estudos têm trazido a ideia de organização dentro do futebol, principalmente para o diretor técnico, por exemplo, sobre como:

PLANEJAR – EXECUTAR – AVALIAR

- Capacidade de montar equipes;

- Capacidade de revelar jogadores;

- Capacidade de montar equipes vencedoras;

- Gestão de jogadores — manter a motivação do grupo;

- Definição do planejamento — pré-temporada, temporada e competições;

- Atividades com o auxiliar — preparador físico e comissão médica;

- Periodização – Ciclo de treinamento – Microciclo de treino – Mesociclo – Macrociclo;

- Avaliar seu treino, os do adversário. Pontos fortes, pontos fracos;

- Palestras motivacionais, cenas e pedaços de jogos do que você gostaria de ver seu time fazer ou evitar de fazer;

- Monitoramento de jogadores e jogos de sua região: como seus adversários jogam, pontos fortes e fracos dos principais times da região e do Brasil, conhecer as bases.

O QUEM VEM PRIMEIRO: A FORMAÇÃO DO TREINADOR OU A FORMAÇÃO DO ATLETA?

Temos aqui uma frase que se parece com a história "De quem veio primeiro: o ovo ou a galinha?". O técnico que quer ser diferenciado tem de saber formar o atleta, para então ser capaz de ser um treinador eficaz e eficiente. O treinador, para se tornar um *expert*, deverá ser uma pessoa diferenciada, pois o reinventar-se a cada dia faz parte desse *modus operandi*; aquele que cai na mesmice torna-se obsoleto.

Terá de ser o primeiro a chegar, para ter a certeza de que tudo que planejou acontecerá conforme o planejado; deverá estar preparado para qualquer imprevisto; deverá ajustar-se com o seu *staff* e confirmar se informações, treinos, fichas médicas dos jogadores, *feedbacks* foram feitos. Caso contrário, fazer os ajustes pontuais, para não ser pego de surpresa.

Quando chegar, cumprimentar todos os funcionários que passarem por ele, independentemente do cargo ou da função dentro do clube. Conversar com o roupeiro, para saber das "últimas" dos bastidores do treino, como incômodos, tristezas, alegrias, brigas discussões ("panelas", rixas) ou qualquer coisa que incomode a "todos" do elenco — chuteiras, uniformes, meião, caneleira, comida etc. Até os menores problemas que possam ser desapercebidos poderão ser detectados por este "funcionário", desde a base até o profissional.

> Existem três tipos de pessoas: AS TOLAS, que não aprendem com seus erros, AS INTELIGENTES que aprendem com seus erros, e AS INTELIGENTES que aprendem com os erros dos outros. (Provérbio chinês).

O TREINADOR GESTOR

Desde o início da carreira, a maioria de nós passou por "escolinhas" — nome detestado por alguns coordenadores dos cursos da CBF — eu me divido, pois, quando criamos as nossas, o nome parece aconchegante, mas, quando nos referimos à base dos clubes, creio que se torna inadequado, já que a formação que se preze não deve ser chamada de "escolinha", mas, sim, de "escola de formação", elevando o *status* de professores, coordenadores e agora coordenadores metodológicos, os quais transformam a formação continuada em um forma de os times modelarem o seu DNA da base ao profissional, definindo para cada posição um elenco de características e qualidades gerais, especiais e coletivas.

Na base

Fazemos de tudo. Somos o famoso "faz-tudo". Montamos o elenco, fazemos a preparação física, escolhemos o modelo de jogo, escalamos, compramos o uniforme, lavamos, conseguimos campo, transporte, alimentação, avisamos os pais, pegamos em casa, entre outras tantas tarefas que ficaríamos o dia todo as escrevendo.

Esses conhecimentos vão se acumulando pela vida e mais tarde nos auxiliam a "prever imprevistos" e "solucionar dilemas insolucionáveis".

Para os cursos da Argentina (ATFA/CVA)

A profissão de diretor técnico pode ser vista de uma ótica social e pedagógica: nessas perspectivas, o treinador pode considerar-se como um agente social especializado. Essa afirmação fundamenta-se em que o futebol é uma atividade social que incide na construção dessa atividade, já que educa, transmite experiências e instrui nesse marco. Com base no futebol e pela ação do DT, é possível:

- Contribuir a melhorar o comportamento social do indivíduo, favorecendo seu crescimento como ser humano, seu caráter, sua honestidade, seu estudo (do colégio até uma faculdade).

- Aperfeiçoar sua educação, fomentando o desfrute compartilhado da atividade. Por essa perspectiva, é mais do que um mero condutor e treinador de um plantel, e assim reflete o estatuto social da ATFA ao defini-lo como "quem efetua a preparação psicotécnica dos plantéis que conduz", o que nos remete à sua delicada missão de formar e conduzir pessoas (e não somente jogadores) — de idades muito diferentes, segundo o grupo humano que tenha sob sua responsabilidade.

Seu campo de exercício profissional é amplo: poderá desempenhar-se em tarefas e âmbitos tão diferentes como a condução de plantéis profissionais e/ou amadores, a criação, a direção e/ou o ensino em escolinhas de futebol infantil, juvenil, juniores, o trabalho em categorias de base de um clube, a organização da prática desse esporte de forma recreativa em diferentes instituições e, por que não, a difusão e a direção da prática cada vez mais extensa do futebol feminino. Colégios, escolas de bandeira branca (sem ser de times tradicionais).

Essa variedade de possibilidades laborais constitui um desafio para a formação, já que implica oferecer ao futuro DT as ferramentas necessárias para trabalhar tanto com crianças e/ou adolescentes como com adultos, tanto para o alto rendimento como para o desenvolvimento psicofísico e a recreação.

Para sermos bons técnicos, devemos ter uma boa formação, não importa se de ex-jogador ou de professor de Educação Física, pois nem o campo, nem uma faculdade serão o suficiente para formar um técnico de futebol.

O técnico, em recente entrevista, demonstrou muita clareza em sua fala: "Nas palavras do Professor Nuno campo de Portugal se a Identidade do técnico x identidade do time. Se essas identidades são diferentes, será um mal começo; se o perfil dos jogadores não bater com o perfil do técnico, também um mal começo.

Que atitude devemos ter quando recebemos um convite?

1. O que o clube pretende?

2. Que plantel temos? (Vamos ver uns 10 a 15 jogos daquele time?)

3. Esse time se adapta a nossas ideias de jogo?

Se verificamos ser incompatível, não aceitaremos o convite. São informações que orientam que o trabalho deve ser bem avaliado pelo técnico e por sua comissão antes de aceitá-lo.

No Brasil, pela necessidade de emprego, muitas vezes os técnicos falam "Vamos trabalhar com o que temos e faremos o nosso melhor". Mas esse poderá ser o caminho para acelerar seu fracasso ou uma base boa pode salvar seu cargo. Se o clube se dispuser a contratações pontuais, a situação poderá melhorar.

O correto e ético para a maioria dos técnicos é que, para se aceitar um trabalho, devemos começar com o time na pré-temporada, pois assim teremos tempo hábil para formatar um bom trabalho e:

- Formar uma comissão técnica;
- Montar um plantel qualificado;
- Periodizar o treinamento;
- Sistematizar uma metodologia de trabalho (planejamento);
- Montar um modelo de jogo.

QUANTO TEMPO SE LEVA PARA SE FORMAR UM TÉCNICO *EXPERT*?

Definição de *experts* pela Dr.ª Isabel Mesquita: são as pessoas que apresentam resultados consistentes por certo tempo.

A importância de se ter uma boa base de formação é que, em países evoluídos, já estão melhorando os salários da base para que não haja tanta pressa em subir de categoria sub-10, sub-12, sub-14 até sub-20 e profissional.

Na Alemanha, temos o exemplo do Hoffenheim, em que ocorreu uma reformulação dos valores pagos aos técnicos da base. Exemplo: esses recebem o dobro do salário para uma dedicação exclusiva, evitando que tenham outras atividades e percam o foco no seu trabalho. A variação salarial é mínima entre as categorias de base, para que o técnico não tenha interesse em sair ou querer subir de categoria, como no Brasil.

FAÇAM SUAS APOSTAS

Nos cassinos é muito comum ouvir essa frase quando vão jogar, mas lá a maioria das pessoas perde. Com este livro quero ajudar você a errar menos. Como você viu, temos cursos para cada continente: América do Norte, América do Sul (vários países), Europa (UEFA), Ásia e Oceania. Citei apenas os principais, mas agora vamos aos fatos: além dos cursos serem muito variáveis, o maior problema é sua aceitação. A maioria deles, para ser aceito em outro continente, deve ser "APOSTILADO": o que quer dizer isso? Apostilamento é o reconhecimento feito por meio do Tratado de Haia, pelo qual esse reconhecimento valerá em qualquer país, no entanto deverá ser feito no país de origem do curso.

A principal dica seria: se você pretende trabalhar no Brasil, sua "prioridade" serão os cursos da CBF. Logo, cursos dos sindicatos de treinadores não serão suficientes, pois até os professores destes cursos, na sua maioria, já têm as Licenças CBF, para a América Latina e do Norte, os da Argentina (ATFA), e parte da Europa (CBF e ATFA). No entanto, não imagine que um curso básico — Licença C, B ou A — seja o suficiente. Hoje, outubro de 2021, só se aceita a Licença PRO e, dependendo do país, mais de 3 ou 5 anos de prática comprovada (contratos ou carteira de trabalho).

Por isso, a melhor dica é fazer o curso onde você gostaria de trabalhar, lembrando que os cursos UEFA variam de país para país, como Portugal, Espanha, Inglaterra, Escócia etc. Diversos contatos meus que trabalham nesses países informaram que nem sempre a licença de um país é aceita no outro, portanto muito cuidado ao investir seu dinheiro. Existem pessoas que acham que, porque têm uma "licença", podem trabalhar em qualquer lugar do mundo, mas não é bem assim.

Este livro é um manual de bolso em que procuro passar orientações gerais. A FIFA, a UEFA, a CONMEBOL, CONCACAF e outras confederações traçam as diretrizes, e não a minha pessoa. Passei para você o meu conhecimento por meio de um trabalho sério e visando que muitos não desperdicem seu dinheiro, o tempo conquistado com tanto suor. O principal seria não fazer loucuras, correndo o risco de ser "preso" ou deportado e fechando a porta em definitivo para uma carreira no exterior, pois uma deportação é considerada crime em muitos países, como nos Estados Unidos. Neste país, para cursos como Tetra Brazil, você passa por uma seleção com prova de língua estrangeira, recebe um treinamento e, depois de aprovado, recebe uma autorização temporária de trabalho; e, para ter o visto, deve saber inglês e ter como sobreviver nos EUA (renda). Eles têm filiais em vários lugares do mundo, mas lembrem: não vale como autorização definitiva; terminado o contrato de trabalho sem renovação, você será clandestino.

Muitas perguntas virão, como "Quero trabalhar na Austrália, então vale a pena fazer o curso da Escola X?", ao que direi: recomendo que saiba inglês e faça o curso na Austrália, pois valerá para toda a Oceania. Apenas um exemplo. Falaram-me também: "Mas um amigo meu foi trabalhar na China sem nenhuma licença". Sim, isso pode acontecer, mas será um clandestino, provavelmente trabalhando na "escola" de um amigo e podendo ser deportado a qualquer momento. Ainda, auxiliei um amigo descendente de chinês que fez o curso CBF, mas seu curso teve de ser "apostilado" e a CBF teve de mandar uma declaração em inglês chancelada por um tradutor juramentado para este amigo poder trabalhar. Outro caso: um amigo foi trabalhar em Portugal pensando "Lá é fácil, pois são amigos". Negativo, qualquer brasileiro que for trabalhar lá deverá ter contrato de trabalho e reconhecimento do Ministério dos Esportes de seus cursos, segundo grau, superior, e este reconhecimento custa dinheiro e não é rápido. Se tiver como fazê-lo antes, é melhor.

LIVRO DE OURO DO TREINADOR

1. Buscar o conhecimento e não se acomodar. Estudar, estudar e estudar;

2. Ser um LÍDER, não um chefe;

3. Montar uma comissão o mais completa possível, com todos os membros:

    - técnico;
    - auxiliar;
    - preparador físico;
    - fisiologista;
    - fisioterapeuta;
    - massagista;
    - nutricionista;
    - médico;
    - analistas de desempenho;
    - roupeiro (o mais importante, pois sabe de todos os bastidores).

4. Elogiar sempre em público e corrigir sempre em particular.

5. Ter o controle da equipe dentro e fora do campo.

6. Ser convicto em suas atitudes (convincente).

7. Demonstrar conhecimento e ser um excelente estrategista.

8. Fazer reuniões com toda a comissão antes de fazer uma escalação, avaliando o melhor jogador por posição ou volta de um jogador em recuperação como melhor solução para um determinado jogo.

9. Reunir-se com os analistas nos treinos, no pré-jogo, no jogo e no pós-jogo.

10. Conhecer o adversário como a si mesmo (*arte da guerra*).

11. Evitar fazer preleção no dia do jogo.

12. Deixar o vestiário para a preleção do capitão (pré-jogo).

13. Cumprir os horários em todos os seus trabalhos.

14. Ser pontual nas recomendações no intervalo sobre os pontos positivos e sobre as falhas dos adversários (evitar "brocas" para não botar o time para baixo).

15. Tratar todos os funcionários, a comissão e os jogadores de forma igual; evitar grupinhos (titulares e reservas).

16. Evitar xingamentos e palavras chulas quando falar com qualquer pessoa.

17. Não deixar a vida pessoal interferir na vida profissional.

18. Tratar o presidente ao servente com dignidade.

O LIVRO DE OURO é para onde procuro trazer não só os meus pensamentos, mas o dos diversos técnicos que avaliei serem importantes para essa carreira. Começo com uma frase de Jorge Jesus, técnico há pouco conhecido no Brasil e há muito conhecido na Europa, falando sobre o Prof. Manuel Sérgio: "não há chutos, há homens que chutam". Este é o principal fundamento do futebol, pois temos de ser os técnicos de uma "nova geração", devemos ver o ser humano por detrás do jogador.

Ao ler o livro de Bruno Dias, discípulo do Prof. Manuel Sergio, vi que o modelo de jogo, o esquema tático, a capacidade física de nada valerão sem o ser humano. Ele fala que "a dimensão biopsicossocial servirá de base para pensar, refletir e construir um novo olhar e uma nova práxis no contesto de alta competição" (Bruno Dias, 2020).

"Isso nos faz melhorar como ser humano, não apenas como treinador, pois cada técnico tem suas ideias e sua forma de agir" (CUCA, treinador de futebol sobre as Licenças CBF).

"Eu decidi virar treinador apenas quando me disseram que eu não conseguiria" (Johan Cruyff. o segundo melhor jogador, após Pelé).

"Nenhum jogador é tão bom como todos juntos" (Alfredo Di Stéfano).

> Os técnicos que têm chance de ganhar títulos estão em grandes clubes, com bom investimento e jogadores excepcionais. Não significa que os outros treinadores não possam ser excelentes em tática, comunicação, liderança e como seres humanos. Não é necessário ganhar títulos para ser um técnico TOP. (GUARDIOLA, considerado o melhor técnico em 2021).

"Não tenho que mostrar aos jogadores o que eles não estão vendo. Tenho que ajudá-los a começarem a ver aquilo que eles precisam ver" (René Simões).

Nessa mesma linha de pensamento, o Prof. Manuel Sérgio afirmou: "estou cada vez mais convencido que para revolucionar o futebol não há jogos, há pessoas que jogam".

"A prática é mais importante do que a teoria, e a teoria só tem valor, se for a teoria de uma determinada prática" (Manuel Sérgio).

Esta frase não é de um técnico, mas de um escritor, e são sábias palavras: "No futebol o pior cego é o que só vê a bola" (Nelson Rodrigues).

"Solo en el diccionario la palabra 'éxito' está antes de 'trabajo'[4]" (DIEGO SIMEONE, DT do Atlético de Madrid).

---

[4] Tradução: "Só no dicionário a palavra 'êxito' vem antes de trabalho".

"Si algún día tuviera que analizar a un entrenador, prescindiría del resultado, examinaría el método[5]" (MARCELO BIELSA, DT do Leeds United, 2021).

"La actitud de los jugadores es más importante que el sistema de juego[6]" (Ex-DT do Boca Juniors CARLOS BIANCHI).

"Eu, como treinador, tenho que potencializar aquilo que cada um tem [...] e mostrar ao jogador a melhor versão dele, que ele possa descobrir" (LEANDRO ZAGO).

> Os 6 pilares de um treinador de sucesso são:
>
> a) Conquistar resultados e alcançar objetivos das equipes que lidera;
>
> b) extrair o máximo de seus atletas individualmente e coletivamente;
>
> c) elevar o potencial das pessoas com quem ele se relaciona;
>
> d) agrega valor aos processos e potencializa o clube ou organização onde ele atua;
>
> e) deixa legados por onde passa;
>
> f) aprendizagem ao longo da vida (ser um eterno aprendiz).
>
> É inocência o treinador pensar que apenas o 1o pilar o levará ao sucesso, pois muitos já conquistaram resultados e não o foram. Mas buscar a excelência dos demais pilares o levará mais próximo do sucesso. (Gabriel Bussinger).

"Cuando eres entrenador, no duermes. Siempre estás pensando en cosas para mejorar. Estás pensando en tus jugadores.

---

[5] Tradução: "Se um dia eu tivesse de analisar um treinador, independentemente do resultado, examinaria o método".

[6] Tradução: "A atitude dos jogadores é mais importante que o sistema de jogo".

Siempre hay algo que puedes hacer. El trabajo nunca está echo⁷" (Herm Edwards, em *La vida de un entrenador*).

"Um bom treinador pode mudar um jogo. Um ótimo treinador pode transformar uma vida" (John Wooden).

"Atingir a perfeição é impossível, mas aproximar-se cada vez mais dela, não" (Tele Santana).

"O futebol não é um jogo de atletas, é sim um jogo de decisões" (Jorge Castelano).

> Como digo aos jogadores, os campeões são pessoas medianas com muito foco, Muita disciplina e muito trabalho. Tem que juntar isso a consistência. Fazer isso durante uma semana, um mês, um ano, uma carreira. Está ao alcance de poucos. Mas o segredo é este [para ser um bom técnico] (Abel Ferreira).

"O treino ideal é aquele que reproduz INTENSIDADE E AS EMOÇÕES DA COMPETIÇÃO" (Tele Santana).

"Atrás de cada jogada, esquema tático, vitória ou derrota, estará o toque daquele que mais entende de futebol, O TREINADOR" (Autor desconhecido).

"Um sábio disse: defenda-se com um sorriso, ataque com o silêncio e vença com a indiferença..." (Autor desconhecido).

"O treinador de futuro é aquele que se reinventa todos os dias, lendo, estudando, assistindo jogos e compartilhando conhecimento com seus pares" (Jorge Sallaberry Vianna).

---

[7] Tradução: "A VIDA DE UM TREINADOR 'Quando você é um treinador, não dormes. Sempre está pensando em coisas para melhorar. Sempre há algo que possa fazer. O trabalho nunca está feito (completo)".

REFERÊNCIAS

SITES

https://esportefera.com.br/galerias/futebol,saiba-quais-sao-os-tecnicos-com-mais-titulos-na-historia-do-futebol,40028

https://www.torcedores.com/noticias/2018/09/felipao-lista-tecnicos-brasileiros-titulos

https://www.atfacampusvirtual.com/pr/

https://www.cbf.com.br/cbfacademy/pt-br/licencas

https://blogdorafaelreis.blogosfera.uol.com.br/2019/09/10/por-que-a-fifa-tem-mais-paises-filiados-que-a-onu/

https://www.uol.com.br/esporte/futebol/ultimas-noticias/2021/02/06/entenda-nova-regra-da-fifa-que-protege-tecnicos-contra-clubes-que-nao-agam.htm?cmpid=copiaecola

www.cedifarfaf.es

www.cedifa.org

https://www.cienciadabola.com.br/

https://www.futebolinterativo.com/

https://www.sistemat-caf.com/ email sistematcaf@yahoo.com

LIVROS E OUTRAS FONTES

ANTUNES, Lucedile. **Soft skills**: competências para os novos tempos. São Paulo: Ed. Literare Books International, 2020.

CARNEGIE, Dale. **Como fazer amigos e influenciar pessoas**. [S. l.]: Companhia Editora Nacional, 2012.

CARNEGIE, Dale. **Descúbrase como líder**. Buenos Aires: Debolsillo, 2008.

CARSON, Mike. **Os campeões**: por dentro das mentes dos grandes líderes. Rio Grande do Sul: Ed. Belas Letras, 2015.

CONFEDERACIÓN SUDAMERICANA DE FÚTBOL (CONMEBOL). **Dirección de Desarrollo, Estrategias para Selecciones Juveniles de CONMEBOL**. Luque: [s. n,], 2019.

COYLE, Daniel. **O código do talento**. [S. l.]: Ed. Agir, 2010.

CRUYFF, Johan. **Johan Cruyff 14**: a autobiografia. Campinas: Ed. Grande Área, 2020.

FERGSON, Alex; MORITZ, Michael. **Liderança**: o que aprendi nos meus anos de Manchester United. Rio de Janeiro: Ed. Intrínseca, 2015.

GUIA, Nuno; ARAÚJO, Duarte. **Treinar o treinador**: a tomada de decisão no futebol. Estoril, Portugal: Ed. Prime Books, 2014.

HONIGSTEIN, Rafael. **Klopp**. Campinas: Ed. Grande Área, 2017.

HUNTER, James C. **Como se tornar um líder servidor**. Rio de Janeiro: Sextante, 2006.

HUNTER, James C. **O monge e o executivo**: uma história sobre a essência da liderança. Rio de Janeiro: Sextante, 2007.

JACKSON, Few; DELEHANTY, Hugh **Onze anéis**: a alma do sucesso. [S. l.]: Ed. Rocco, 2010.

JONATAS, Romulo. **Decodificando o treinador e o jogo**. 2. ed. Estoril, Portugal: Ed. Prime Books, 2020.

JONNAERT, P.; ETTAYEBI, M.; DEFISE, R. **Currículo e competências**. Porto Alegre: Artmed, 2010.

KHOURY, Karim. **Liderança é uma questão de atitude**. São Paulo: Senac São Paulo, 2009.

LANCELOTI, Carlos. **Liderança tranquila**. Campinas: Ed. Grande Área 2018.

MACHADO, J. C. B. P.; THIENGO, C. R.; SCAGLIA, A. J. A formação do treinador de iniciação esportiva: o que é preciso aprender para ensinar futebol. *In*: GALATTI, L. R.; SCAGLIA, A. J.; MONTAGNER, P. C.; PAES, R. R. (org.). **Desenvolvimento de treinadores e atletas**: pedagogia do esporte. Campinas: Editora da Unicamp, 2017. v. 1, p. 163-188.

MARTI, Perernau. **Pep Guardiola**: a evolução. Campinas: Ed. Grande Área, 2017.

MAXWELL, John. **As 21 leis irrefutáveis da liderança**. Brasil: Ed. Vida Melhor, 2013.

OLIVEIRA, Bruno *et al.* **Porquê tantas vitórias?** Lisboa: Ed. Gradiva, 2016.

ORGANIZAÇÃO DAS NAÇÕES UNIDAS PARA A EDUCAÇÃO, A CIÊNCIA E A CULTURA (UNESCO). Representação de Educação da UNESCO no Brasil. **Glossário de terminologia curricular**. Brasília: Unidade de Comunicação, Informação Pública e Publicações da Representação da Unesco no Brasil, 2016.

SIMOES, R.; THIENGO, C. R. Técnico, treinador ou professor? O papel pedagógico do profissional responsável pela formação de futebolistas de alto rendimento. *In*: REMONTE, J. G.; POLITO, L. F. T. (org.). **Educação física escolar e esporte de alto rendimento**: dá jogo? Várzea Paulista: Editora Fontoura, 2018. v. 1, cap. 8.

SUN TZU. **A arte da guerra**. Adaptação e prefácio de James Clavell. 18. ed. Rio de Janeiro: Ed ABDR, 1996. Original de 6 a.C.

THIENGO, C. R. **O futebol e os futebolistas do futuro**: análise do currículo presente na formação de futebolistas de alto rendimento a partir de um estudo de caso. 2019. Tese (Doutorado em Educação Física) – Faculdade de Educação Física, Universidade Estadual de Campinas, Campinas, 2019.

ANEXO I

INFORMAÇÕES SOBRE A VALIDAÇÃO DAS LICENÇAS DA AMÉRICA DO SUL NA EUROPA

Licença de técnico da América do Sul vão valer para dirigir times Europeus

A Conmebol e a Uefa estão de mãos dadas para uma série de parcerias em 2022. Uma delas é a unificação da licença para treinadores. Isso significa que os técnicos sul-americanos poderão trabalhar normalmente na Europa. A decisão derruba as fronteiras que sempre separaram os dois continentes. Os últimos acertos já estão sendo redigidos. Para os treinadores brasileiros, a regulamentação das duas confederações abre um mercado maior de trabalho, sem a exigência e necessidade de cursos complementares.

Conversas nesses sentidos, de aproximar o futebol e as regras sul-americanas da expertise europeia, já estão sendo firmadas há pelo menos três anos, muito antes de as duas confederações se unirem para combater as novas ideias da Fifa, a principal delas diz respeito à realização de Copas do Mundo a cada dois anos. Conmebol e Uefa são contrárias à iniciativa.

A licença conjunta para treinadores da Conmebol e Uefa é o primeiro passo dessa união. Todos os técnicos sul-americanos serão beneficiados A Conmebol pode ainda se valer da experiência de um de seus maiores problemas, inclusive no Brasil: o uso do VAR. O árbitro de vídeo já se mostrou eficaz, mas ele sofre no futebol brasileiro, com árbitros ruins e despreparados, diferentemente das partidas dos campeonatos nacionais na Europa, como Inglês, Alemão e Espanhol, por exemplo. Uma parceria para aprimorar esse uso pode ser feita em breve.

A Conmebol já tem como modelo algumas decisões adotadas pela Uefa, como a decisão da Libertadores em jogo único e em um país neutro, como foi a deste ano, entre Palmeiras e Flamengo, em Montevidéu, no Uruguai. As cotas pagas em dinheiro ao campeão também fazem com que os clubes da Libertadores se interessem cada vez mais pelo torneio. Há dinheiro e prestígio em jogo, uma cópia fiel da Liga dos Campeões da Europa, cujo vencedor da edição passada foi o inglês Chelsea.

ESCRITÓRIO EM LONDRES - Um escritório em Londres também está sendo montado para que as duas confederações possam ter um ponto em comum para negociar melhor seus torneios. Para se ter uma ideia da importância desse local físico na Inglaterra, basta tomar ciência de que a final da Libertadores deste ano foi mostrada para 192 países ou territórios. Vender e negociar o futebol da Conmebol é o que move a iniciativa. A CBF está junto com os dirigentes sul-americanos nessa empreitada. Quatro países levantaram a mão para falar na cerimônia dos cartolas em meio à decisão do Palmeiras com o Flamengo: Brasil, Colômbia, Argentina e Uruguai. Todos eles apoiam a Conmebol em tudo o que ela faz. E estão de olho no que podem ganhar com essa parceria na Europa.

CONMEBOL MAIS FORTE POLITICAMENTE - Além da troca de experiência, que pode fortalecer o futebol menos desenvolvido no sentido de gestão e arrecadação, a união entre Conmebol e Uefa também tem interesses políticos. Juntas, as duas confederações são mais fortes na mesa de negociação. Vale lembrar que a América do Sul tem apenas dez votos em todas as decisões propostas pela Fifa. Ao lado da Uefa, a representatividade da América do Sul cresce e ganha importância para, por exemplo, escolher o próximo país-sede de uma Copa do Mundo.

Uma quarta intenção da parceria, segundo o Estadão apurou, é fortalecer o futebol feminino. O Brasil já está mais avançado nesse segmento em relação aos seus vizinhos do continente. Clubes como Barcelona, Paris Saint-Germain e outros estão muito mais adiantados do que seus colegas da América do Sul. A licença de treinadores também vale para o futebol feminino, o que coloca as duas modalidades em condições de igualdade.

REPORTAGEM em 18/12/21 na Coluna Sem Fronteiras do Jornal O Estadão

ANEXO II

LEI N.º 8.650/1993, DO TREINADOR DE FUTEBOL NO BRASIL

Presidência da República
Casa Civil
Subchefia para Assuntos Jurídicos

LEI Nº 8.650, DE 20 DE ABRIL DE 1993.
Dispõe sobre as relações de trabalho do Treinador Profissional de Futebol e dá outras providências.

O PRESIDENTE DA REPÚBLICA Faço saber que o Congresso Nacional decreta e eu sanciono a seguinte Lei:

Art. 1º A associação desportiva ou clube de futebol é considerado empregador quando, mediante qualquer modalidade de remuneração, utiliza os serviços de Treinador Profissional de Futebol, na forma definida nesta Lei.

Art. 2º O Treinador Profissional de Futebol é considerado empregado quando especificamente contratado por clube de futebol ou associação desportiva, com a finalidade de treinar atletas de futebol profissional ou amador, ministrando-lhes técnicas e regras de futebol, com o objetivo de assegurar-lhes conhecimentos táticos e técnicos suficientes para a prática desse esporte.

Art. 3º O exercício da profissão de Treinador Profissional de Futebol ficará assegurado preferencialmente:

I - aos portadores de diploma expedido por Escolas de Educação Física ou entidades análogas, reconhecidas na forma da Lei;

II - aos profissionais que, até a data do início da vigência desta Lei, hajam, comprovadamente, exercido cargos ou funções de treinador de futebol por prazo não inferior a seis meses, como empregado ou autônomo, em clubes ou associações filiadas às Ligas ou Federações, em todo o território nacional.

Art. 4º São direitos do Treinador Profissional de Futebol:

I - ampla e total liberdade na orientação técnica e tática da equipe de futebol;

II - apoio e assistência moral e material assegurada pelo empregador, para que possa bem desempenhar suas atividades;

III - exigir do empregador o cumprimento das determinações dos órgãos desportivos atinentes ao futebol profissional.

Art. 5º São deveres do Treinador Profissional de Futebol:

I - zelar pela disciplina dos atletas sob sua orientação, acatando e fazendo acatar as determinações dos órgãos técnicos do empregador;

II - manter o sigilo profissional.

Art. 6º Na anotação do contrato de trabalho na Carteira Profissional deverá, obrigatoriamente, constar:

I - o prazo de vigência, em nenhuma hipótese, poderá ser superior a dois anos;

II - o salário, as gratificações, os prêmios, as bonificações, o valor das luvas, caso ajustadas, bem como a forma, tempo e lugar de pagamento.

Parágrafo único. O contrato de trabalho será registrado, no prazo improrrogável de dez dias, no Conselho Regional de Desportos e na Federação ou Liga à qual o clube ou associação for filiado.

Art. 7º Aplicam-se ao Treinador Profissional de Futebol as legislações do trabalho e da previdência social, ressalvadas as incompatibilidades com as disposições desta Lei.

Art. 8º Esta Lei entra em vigor na data de sua publicação.

Art. 9º Revogam-se as disposições em contrário.

Brasília, 22 de abril de 1993; 172º da Independência e 105º da República.

ITAMAR FRANCO
Walter Barelli
Publicado no D.O.U. de 22.4.1993

ANEXO III

CIRCULAR N.º 36/2022 DA FEDERAÇÃO PAULISTA DE FUTEBOL – LICENÇAS CBF NA BASE

 FEDERAÇÃO PAULISTA DE FUTEBOL

CIRCULAR Nº 036/2022/FPF-PRES
sjc.

São Paulo, 18 de janeiro de 2022.

Ref.: EXIGÊNCIA DE LICENÇA DE TREINADOR DE FUTEBOL – SUB-11, SUB-13, SUB-15, SUB-17, SUB-20 e SUB-23 (Segunda Divisão) – CAMPEONATO PAULISTA 2022

Prezado Presidente,

A Federação Paulista de Futebol vem através desta informar que, no ano de **2022**, exigirá dos treinadores da Categoria Sub-15, Sub-17, Sub-20 (Primeira e Segunda Divisão) e Sub-23 (Segunda Divisão) que atuarão no Campeonato Paulista dessas categorias, a Licença Honorária, Licença PRO, Licença A ou Licença B emitida pela CBF (CBF ACADEMY), ou então, a apresentação da matrícula no curso para obtenção da respectiva licença no ano em questão.

Exclusivamente para o Sub-23 (Segunda Divisão), informamos **que em 2023 será RECOMENDADO** que somente participem da competição os Treinadores que tenham a Licença Honorária, Licença PRO ou **Licença A. A partir da temporada de 2024**, somente poderão participar da competição os treinadores com a Licença Honorária, Licença PRO ou **Licença A** emitida ou de equivalência reconhecida pela CBF ou então apresentar a matrícula no curso para obtenção da respectiva licença no ano em questão.

Será exigido também dos treinadores da Categoria Sub-11 e Sub-13, que atuarão no Campeonato Paulista dessas categorias, no mínimo a Licença C emitida pela CBF (CBF ACADEMY), ou então, a apresentação da matrícula no curso para obtenção da respectiva licença no ano em questão.

Desde 2016, a FPF tem incentivado a participação dos treinadores e já temos um número expressivo de profissionais no Estado de São Paulo com as respectivas Licenças citadas acima.

Certos de que esta exigência é um dos pilares em nossa busca pelo desenvolvimento do futebol paulista, colocamo-nos à disposição dos Clubes, por meio do Diretor de Integração e Desenvolvimento, Sr. Renato Almeida, através do e-mail renato.almeida@fpf.org.br, e pelos telefones (11) 3190 7060 e (11) 00702 0400, para orientar os Clubes no que for necessário em relação à data dos cursos, valores e requisitos.

Agradecemos antecipadamente a atenção dispensada, e colocando-nos à disposição para quaisquer esclarecimentos.

Atenciosamente,

Reinaldo Carneiro Bastos
Presidente

ANEXO IV

PARECER JURÍDICO CBF N.º 5, SOBRE A NÃO NECESSIDADE DE CREF PARA SER TREINADOR

 CONFEDERAÇÃO BRASILEIRA DE FUTEBOL

PARECER DJU n° 5, de 8 de março de 2012

Ref.: *Profissão de Treinador de Futebol – Lei n° 8650/93*
Profissão de Educação Física – Lei n° 9696/98

Consulta-se esta Diretoria Jurídica da CBF no sentido de opinar sobre a ação fiscalizadora exercida pelos Conselhos Regionais de Educação Física junto aos Treinadores Profissionais de Futebol.

No meu entender, os Conselhos Regionais de Educação Física não têm competência, nem poder, para fiscalizar ou ingerir-se nas atividades executadas pelos Treinadores Profissionais de Futebol.

Os atos de fiscais dos Conselhos Regionais de Educação Física – CREF eventualmente praticados contra os Treinadores Profissionais de Futebol seriam, no meu pensar, ilegítimos e ilegais, uma vez que os Treinadores de Futebol não estão sujeitos à fiscalização dos CREF, já que a profissão de Treinador de Futebol goza de regulamentação própria, regida pela Lei nº 8650, de 20-4-1993.

O exercício da profissão de Treinador de Futebol há de ser desenvolvido nos exatos termos da Lei nº 8650/93.

A meu ver, os Treinadores de Futebol não são obrigados a exibir documentos exigidos pela fiscalização dos CREF. Reputo tal exigência como indevida coação, desprovida de amparo legal, porquanto não são esses Conselhos Regionais de Educação Física competentes para a fiscalização do exercício da profissão de Treinador de Futebol.

Não poderiam, portanto, os CREF compelir os Treinadores Profissionais de Futebol a se registrarem compulsoriamente nesses órgãos de fiscalização de profissionais da educação física.

CONFEDERAÇÃO BRASILEIRA DE FUTEBOL

Igualmente, não caberia aos CREF aplicar quaisquer penalidades ou sanções relativamente aos Treinadores de Futebol, cuja atividade não é passível de registro perante tais órgãos, e mais, face as características de sua atuação básica, os Treinadores de Futebol estão obrigados apenas a proceder aos devidos "registros nos Conselhos Regionais de Desportos e na Federação ou Liga à qual o clube ou associação for filiado", a teor do disposto no Parágrafo único do art.6º da Lei nº 8650/93.

Caso os CREF persistam na prática de atos ilegais, restaria aos órgãos de classe da profissão de Treinadores de Futebol tomar as medidas judiciais cabíveis na preservação de seu direito, pois que não têm os CREF o direito de exigir que os Treinadores Profissionais de Futebol façam aquilo que a lei não lhes obriga.

A Constituição Federal deixou expresso em seu art 5º inciso II que só se pode exigir o cumprimento de obrigação que a lei preveja.

O direito dos Treinadores de Futebol é também protegido pelo art.37 da Constituição Federal, que consagra o princípio da legalidade administrativa, que impede a prática de atos arbitrários no exercício do poder pela administração pública.

Evidentemente, falta respaldo legal à pretensão dos CREF, cuja atuação se restringe àqueles profissionais que exercem atividades e atribuições de Educação Física, conforme exigência contida no inciso I do art.2º da Lei nº 9696/98.

Tal dispositivo legal é incompatível com as disposições da Lei nº 8650/93 que não veda o exercício da profissão de Treinador de Futebol àqueles que não possuam diploma em curso de Educação Física.

É inegável que a atuação dos CREF se restringe àqueles que exercem atividades e atribuições de Educação Física, nos termos da legislação pertinente. Por conseqüência, só há o dever legal de registro tratando-se de pessoas por ele fiscalizadas e que desempenham atividades nos termos da Lei nº 9696/98.

CONFEDERAÇÃO BRASILEIRA DE FUTEBOL

Até porque, do contrário, se admitiria que o Poder Público – sob a forma de entidade autárquica, como se caracterizam os CREF, atuasse, independentemente, de previsão legal, consagrando prática avessa a nosso ordenamento jurídico, como Estado de Direito.

Como se vê, não há razão para a interferência dos CREF nas atividades desempenhadas pelos Treinadores Profissionais de Futebol.

A minha opinião é que nenhum registro pode ser legalmente exigido aos Treinadores Profissionais de Futebol pelos CREF, cuja atuação se restringe àqueles que exerçam atividades e atribuições de Educação Física, nos termos da Lei nº 9696/1998, como acima ressaltado.

O exercício das atividades de Treinador de Futebol não se confunde com o exercício das atividades de Educação Física.

Sendo assim, espera-se que possa ser dado um paradeiro às constantes polêmicas que têm, ultimamente, surgido entre os CREF e os Treinadores Profissionais de Futebol e os respectivos órgãos de classe.

Por conseguinte, só há o dever legal de registro nos CREF tratando-se de profissionais por eles fiscalizados – o que não é o caso dos Treinadores de Futebol – e que desempenhem efetivamente atividades nos termos do art.2º da Lei nº 9696/98.

É como me parece.

Carlos Eugenio Lopes
Diretor Jurídico